Community Development

まちづくり
プロジェクトの
教科書

小地沢将之 Kochizawa Masayuki

森北出版株式会社

はじめに

　近年、「まちづくり」という言葉を耳にする機会が多くなりました。その意味するところは、私たちそれぞれの解釈に委ねられている部分が大きく、ある人は「地域おこし」のようなニュアンスでとらえているでしょうし、またある人は「都市開発」、またある人は「暮らしやすさの向上」と考えているでしょう。「まちづくり」は、非常に多義的で、つかみどころのない言葉だといえます。

　本書を読み進めるうえで、「まちづくり」をきちんと定義しておかなければいけません。本書では、**「まちづくり」とは、地域課題の解決や生活の質の向上のための活動を住民らが主体的に行うこと**、と定義します。

　では、本書のタイトルでもある「まちづくりプロジェクト」についても考えてみましょう。たとえば、商店街が毎夏に感謝セールを開いているとしましょう。これは「まちづくりプロジェクト」でしょうか。毎夏の神社のお祭りであればどうでしょうか。

　本書では、**「まちづくりプロジェクト」とは、定常的なルーチンワークとは異なるテーマ型の活動**、と定義します。先に挙げたセールやお祭りなどのように、定期的に繰り返し行う行事も、もちろん地域活性化への貢献度は大きいでしょう。しかし、定常化された行事は、前回までの取組みのコピーとして実施できてしまう側面もあるので、本書では、これらのルーチンワークと「まちづくりプロジェクト」は異なるものと考えておきます。ちなみに、ルーチンワークである行事を初めて行う場合は、プロジェクトとして着手することになることは覚えておきましょう。

まちづくりプロジェクトの歴史

　いま、各地でテーマ型の「まちづくりプロジェクト」が盛んに行われています。より正確にいうとすれば、私たちの暮らしは「まちづくりプロジェクト」を行わなければならない状況に直面しています。その原点は、第二次世界大戦後からの復興に尽力した先人たちの数々の苦悩にあるでしょう。

　戦時中、我が国のすべての集落に町内会や部落会がつくられました。これは「隣

保団結」により、戦争を追認する「翼賛」体制を実現するための組織でした。この時代の町内会は、戦争のための末端組織にすぎず、国から与えられた組織による与えられた活動であり、「まちづくりプロジェクト」とはほど遠いものです。

終戦後、GHQ の指導により町内会は解散させられましたが、戦後復興の中心的な存在は町内会でした。たとえば農村部では、多くの人々が仕事を得るために職のある都市部へと移り住みました。中学を卒業すると都市部に移り住んで働く、という人生設計が主流となり、多くの若者が農村部から流出しました。農村部では残された人材でどのように集落や農地を維持するかが課題となりましたが、その際、町内会はこれらの課題に向き合う組織として再結成されました。ある集落ではさらなる土地を開拓し、またある集落では、地域産業を生み出すために汗水を流したことでしょう。これは、まさに地域の課題を解決するために、住民が主体的に取り組んだ「まちづくりプロジェクト」です。

一方で、戦後の都市部では全国各地から新たな居住者が殺到しましたが、この際に親睦を深めながら近隣どうしの関係をつくり出したのも町内会でした。さらには、都市の復興や開発に伴い、都市計画道路や公園などが多数つくられ、これに伴って立退きを余儀なくされた人たちも少なくありませんが、これらへの反対運動や自治体との交渉の窓口となったのも町内会でした。これらも「まちづくりプロジェクト」であるといえるでしょう。

つまり、私たちはごく身近な町内会によって、地域課題の解決のための「まちづくりプロジェクト」が行われてきたことを目撃してきたといえます。残念なことに、最近の町内会では、広報紙の配布やごみ集積所の管理、防犯・防災の見回り活動などの「ルーチンワーク」に追われ、かつて盛んだった「まちづくりプロジェクト」の担い手としての姿は見えづらくなってきました。

人口減少時代とまちづくりプロジェクト

私たちの暮らしは「まちづくりプロジェクト」を行わなければならない状況に直面しているなかで、先ほど紹介した戦後の日本と現代の日本には異なる点もあります。かつての我が国には、画一的な価値観やライフスタイルが存在し、経済成長や国際社会の仲間入りといった社会全体の共通目標がありました。さらには先人を敬う儒教的な考えかたをもつ人が多く、トップダウンかつ全員参加で課題解決に取り組むことが可能でした。しかしながら現在の我が国は、多様な価値観やライフスタイル、所得格差が存在し、そして何よりも人口減少時代にすでに突入しており、意

識・時間・労力などあらゆる面で、誰もが同じだけの力を発揮できなくなっています。現実問題としては、これが町内会の加入率の低下なども生んでおり、旧来型の地域活動は限界を迎えています。

これらの課題を解決するための新たな担い手としては、NPO などの活躍もみられます。しかしながら、町内会などの地域コミュニティ組織と NPO の双方の活動は、なかなか融合していない現状にもあります。

我が国が直面している人口減少については、もう少し補足しておきます。

我が国の人口減少は、40 年以上前から推計できており、そのこと自体は決して新しい問題ではありません。65 歳以上の老年人口は横ばいであり、地域社会のなかでの高齢者の活躍のフィールドが拡大しつつあるのも好材料です。ここで問題なのは、15〜64 歳の生産年齢人口は 2015 年の 7728 万人から 50 年間で 4529 万人へと 4 割以上減少すると推計されていることです。これはすなわち、現在の経済活動や地域活動のスケールを、現在と同じ方法では維持できないということを意味しています。

加えて、我が国にとってこれほどの人口減少は、有史以来初めての出来事であることも重要です。先人たちがこれまで培ってきたまちづくりのノウハウは、右肩上がりの時代に築かれたものにすぎないため、私たちがいまだ経験したことのない極端な人口減少時代においては、そのノウハウさえ生かしきれない可能性があるのです。

これからのまちづくりのために

さて、いまを生きる私たちに課せられた使命は、地域課題の解決に私たち自身が取り組むことによって、少しでも心豊かな生活を送る社会を後世に受け継いでいくことにあります。私たちが人口減少下の社会においても私たち自身のもてる力を総動員できるような方法を手にすることによって、この社会の幸せを持続し、発展させ続けることができるはずです。これこそが、「まちづくり」の現代的な使命です。

しかし、残念なことに、このような使命感をもって「まちづくり」に新たに取り組もうとしても、その道しるべとなるような方法論は体系的に整理されていない現状にあります。

そこで本書では、これからの新しい時代に対応できる課題解決型の「まちづくりプロジェクト」の立上げや実践に必要なノウハウを体系的に提供し、その改善や持続可能な発展にも活用できる方法論を紹介します。

「まちづくりプロジェクト」の実践に取り組む皆さんにとって、本書はまちづくりプロジェクトを進めていくうえでの指針となるだけではなく、これまで十分な関係を構築できていなかった地域コミュニティ組織とNPOなどの相互の活動の関係づくり、あるいはこれらの組織と自治体との協働の方法のヒントにもなるでしょう。また、「まちづくりプロジェクト」の支援を通じて市民協働社会を実現する立場にある自治体にとっては、協働事業の立案・推進のための要点や助成金の審査のポイントが列挙されている指南書としても、本書を活用していただけるものと考えています。

6

本書の読みかた

　まちづくりプロジェクトに初めて着手する読者には、第1章から第8章までを順に読み進めていただくと、まちづくりプロジェクトの立上げから終結までのプロセスが理解できます。また、部分的なスキルアップや知識の習得、取組みの改善を図ろうとする場合は、章ごとに読んでいただくこともできます。

第1章：まちづくりプロジェクトを理解する

　第1章は、まちづくりプロジェクトの基礎を理解するために、「まちづくり」や「プロジェクト」がどのようなものなのかについて紹介しています。「まちづくりプロジェクト」が定常的なルーチンワークとはどのような点で異なるのか、理解することを目指します。

第2章〜第8章：まちづくりプロジェクトの進めかた

　第2章「まちづくりプロジェクトの始めかた」では、実際にまちづくり活動に着手する場合の視点をまとめています。プロジェクトの目標の設定方法などについて取り上げますが、目標が適切に設定できるようになると、活動時の軌道修正や活動後の評価も可能となるため、プロジェクトの全工程を通じて重要な知識となるでしょう。また、ひとたび始めたプロジェクトがどのような状況になると頓挫してしまうか、どうすればそれを防ぐことができるのかについても紹介します。

　第3章では、「地域課題に向き合う」方法を取り上げています。多くのまちづくりプロジェクトは、特定の地域課題の解決に取り組んでいますが、私たちが暮らしている地域社会には、誰にも見向きされていないような地域課題も多くあります。このような小さな課題を含め、私たちの身の回りに存在している地域課題を網羅的に見渡す方法や、まちづくりプロジェクトに着手する際の戦略づくりの方法についても紹介します。

　第4章は、「地域資源を取り入れる」方法です。第3章で紹介した課題解決型の取組みは、"マイナスの面をプラスに転化する"ものですが、この章では、生活の

質の向上を目指す取組みの方法として、地域資源の活用に目を向けます。私たちの身の回りにある6種類の地域資源について紹介し、これらを上手に探索し、"さらなるプラスをもたらす"ために活用できる方法論を提示します。

第5章は、「まちづくりプロジェクトの企画書づくり」についてです。すべてのまちづくり活動は、地域社会との接点をもちながら私たちの暮らしを維持したり、地域社会の課題を解決したりするものです。加えて、第6章で紹介するような仲間集めや資金集めを実現するためには、まちづくりプロジェクトの企画の内容は多くの人に伝える必要があります。そこでこの章では、企画書の基本的な構成要素について紹介し、企画書づくりが容易に行えるようなノウハウの習得を目指します。このなかでは、まちづくりプロジェクトの企画書の例をいくつか示し、どれが優れた企画書であるか一緒に考えてみます。

第6章「まちづくりプロジェクトの仲間集め」では、プロジェクトの実施に不可欠な仲間集めや資金集めに加え、プロジェクトの広報についても紹介し、「伝えること」がプロジェクトの波及において重要であることを理解します。

さて、第7章は「まちづくりプロジェクトの準備と実践」です。第6章までのプロセスを丁寧に踏んでいれば、準備や実践は恐れることは何もありません。それでも、準備期間の途中で軌道修正の必要が生じることもあるので、その方法について紹介し、加えて実践中の注意事項なども確認していきます。

一連の実践が終わることによって、プロジェクトは終結します。第8章「まちづくりプロジェクトの終わりかた」では、事後評価のしかたに加え、次のプロジェクトの立上げに向けた視点を整理します。

第9章、第10章：まちづくりプロジェクトを発展させる

第9章の組織論、第10章の協働論については、本来であればそれぞれ1冊の学術書として成り立つトピックのなかから、要点をかいつまんで紹介しています。まちづくりプロジェクトの企画や実践のうえで、ぜひ参考にしていただきたいと思います。

第9章は、「まちづくりプロジェクトの実行組織」について紹介しています。プロジェクトの1期目を終えた段階で、2期目の企画や実践に向けて別の組織へと移行することもあります。それぞれの組織形態がプロジェクトに取り組むうえでの得手・不得手を知っておくことで、取組みの方針が変わっていくこともあるので、ここで紹介しておきます。

第10章の「市民協働によるまちづくりプロジェクト」では、他団体や自治体などとの協働の方法について理解することを目指します。対話による協働の場づくりや、近年主流になりつつある公募型の市民協働事業なども紹介して、プロジェクトの発展の方法について考えます。

なお、本書で扱うプロジェクトの進めかたの多くの部分は、プロジェクトマネジメントの国際的な知識体系の1つである「PMBOK®（ピンボック）」に準拠させています。しかし、PMBOK®の知識体系は理解のうえでも実践のうえでも難易度が高く、これからのまちづくりが目指す「もてる力の総動員」とはややかけ離れています。本書では必要に応じて、PMBOK®基準によるものとそうでないものを区別し、言及しながら、解説を進めていくこととします。

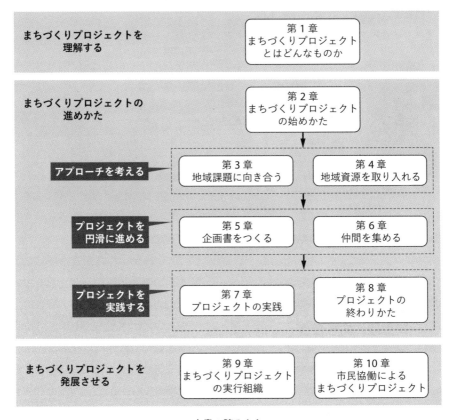

本書の読みかた

もくじ

第 1 章

まちづくりプロジェクト
とはどんなものか

まちづくりプロジェクトを始める前に、「まちづくり」や「プロジェクト」の定義や特徴を理解しましょう。

① まちづくりとは何か

　これから取り組んでいく内容をよくイメージできるように、まず、「まちづくりプロジェクト」という言葉の意味について考えてみましょう。

　皆さんは、「まちづくり」という言葉から、どのようなイメージを受けるでしょうか。たとえば、地域住民が汗水を流して取り組んでいる様子でしょうか。それとも、その取組みによって完成した美しい都市空間を思い浮かべるでしょうか。もしくは、地域社会の将来像や理想像のような実体をもたないものでしょうか。

　「まちづくり」は、その指し示す意味合いが非常に多様で、定義が難しい言葉の1つです。たとえば、公共事業を中心とした街路づくりや公共施設づくりなどのハード事業も「まちづくり」ですが、商店街の活性化や地域コミュニティづくりなどのソフト事業も「まちづくり」です。最近では、「福祉のまちづくり」や「防災まちづくり」などの言葉も定着してきていますし、「ポイ捨てごみのないまちづくり」などといった標語にもみられるように、善良な市民であることそのものを指す場合すらあります。実態としては、**図 1-1** に示したようなさまざまな局面で「まちづくり」が展開されています。

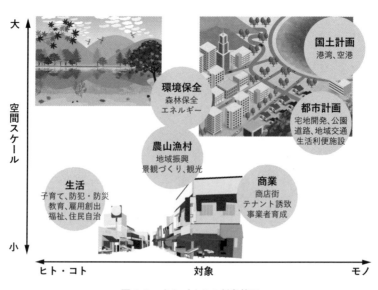

図 1-1　まちづくりの対象範囲

かつては、「地域おこし」の意味合いに近い「町づくり」、「経済活性化」や「社会基盤整備」の意味合いに近い「街づくり」といった漢字表記も頻繁に使われていました。一方で、「まちづくり」の表記が登場するようになったのは近年になってからで、これは地域課題の解決や生活の質の向上のために住民らが主体的に取り組む活動を、広く指す言葉であると考えられています。地方分権が進むなかで、住民らが主体的に「まちづくり」に関わるための方法を定めた「まちづくり条例」、これらの地域側での受け皿となる「まちづくり協議会」、地域課題の解決などの拠点となる「まちづくりセンター」など、「まちづくり」という言葉が身近なところでも多用されるようになってきています。

　そこで本書では、**地域課題の解決や生活の質の向上のための活動を住民らが主体的に行うことを「まちづくり」とよぶこととします。**

　まちづくりの主体は個人である必要はありません。たとえば、町内会や自治会などの地域コミュニティ組織、NPO法人などの非営利活動団体、地域や大学のサークル組織などはその代表的な主体です。加えて、地域の活性化や維持管理に貢献する企業体として「まちづくり会社」が活躍する時代を迎えていることからもわかるように、組合や株式会社などもまちづくりの主体となりえます。それぞれの主体の強みなどについては第9章第1節で、また「住民」と「市民」の違いについては第10章第1節で後述するとして、まずはひとつ、まちづくりの事例を見てみましょう。

事例 1

誰にでも気軽に参加できるまちづくりのための場づくり

　アーバンネットは1999年、筆者が大学院生のころに立ち上げたまちづくりグループです。筆者は、大学院で都市計画分野の研究室に所属していましたが、学生や市民は行政当局が決める都市計画に関与できないことに大きな疑問を感じていました（現代では法改正などもあり、参加の機会が拡張され、この当時よりは学生や市民が都市計画に関与できるチャ

ンスが増えています）。

　アーバンネットは、「誰にでも気軽に参加できるまちづくり」をスローガンに掲げ、仙台市内の商店街でのごみ拾いなど、多数の参加の場を用意することに徹しました。一部の意欲あふれる市民の参加だけではつまらないので、参加者には「まちづくりチケット」を交付し、貯めたポイント数に応じて、飲食店でのドリ

ンク1杯サービスや映画館での無料観賞などの企業協賛と引き換えられる仕組みとしました。地域通貨の先進的な取組み事例の1つであるとされていますが、筆者がこの方式を考案した当時は地域通貨などつゆ知らず、参加する人にどんな下心があったとしても、まちづくりの場に1人でも多くの人たちが触れてくれればよいと考え、導入した仕組みでした。たとえば、ごみ拾いに1回参加すると、30ポイント（600円相当）のチケットがもらえる、といった具合です。

蓋を開けてみると、仙台市内どころか、隣県からも多くの人たちが参加の場を求めて仙台にやってきました。そのなかには中高生の姿が多く、片道1,000円以上の交通費をかけて仙台にやってくる人も多くいました。それほどまでに、多くの市民がまちづくりの参加の場に飢えていた時代でした。

図1-2 アーバンネットによる商店街のごみ拾いのようす

　この事例は、「まちづくりの参加の場づくり」を目標としたまちづくりプロジェクトです。その実施に向け、新たなプロジェクト組織を結成しています。

　次節では、プロジェクトとは何かを紹介しながら、後半では再度この事例を取り上げ、プロジェクトの進めかたの全体像を理解していきましょう。

② プロジェクトとは何か

　NHK で 2005 年まで放送された『プロジェクト X～挑戦者たち～』は、各界で難題を克服し、偉業を成し遂げた人々を紹介した番組として人気を博しました。この番組の影響もあってか、「プロジェクト」が "大きな事業や業績" を指す言葉であるかのような誤解もありますが、正しくはそうではありません。

　英語の「プロジェクト（project）」の語源は、ラテン語の「pro」（前に）と「ject」（投げる）です。すなわち「プロジェクト」とは、物事を前へと押し進めることを意味する言葉です。その規模の大きさや業績の重要さを表す意味合いは微塵もありません。

　プロジェクトには 3 つの特徴があると考えられているので、紹介しましょう。

独自性：新しい価値を創出する

　1 つめの特徴は、「**独自性**」です。プロジェクトではその成果物として必ず、従来は存在していなかった独自の新しい商品やサービスなどを生み出します。たとえば「地元の食材を用いた新しいラーメン」などがそれにあたります。しかし、プロジェクトによって生み出される独自性は、必ずしも顧客相手に販売される商品やサービスでなくともかまいません。「不良品の削減を目的とした製造ラインの見直し」は、工場内部の新たな製造ラインが顧客に提供されるものではありませんが、このプロジェクトによって、良質な商品が供給できる新たな製造環境が創出されます。「町内会が初めて河原の清掃活動に着手する」ことも、従来のまちづくりではなしえなかった地域課題の解決や価値の創出を実現するものであるといえます。

有限性：投入できる資源に限界がある

　プロジェクトの 2 つめの特徴は、「**有限性**」です。プロジェクトには、人的資源や物的資源、コストなどに制約があります。独自の新しい商品やサービスなどの実現目標に対し、際限なく費用を投入できるのではなく、活用することができる限られた資源を元手に、独自の価値を生み出すことが求められます。プロジェクトの着手にあたっては、それに関わることができる人的資源の規模によってプロジェクトの規模が決定されたり、もしくはまったく逆に、プロジェクトの規模に応じてプロジェクトチームの大きさが決定されたりしますが、無尽蔵に何万人、何億人もの人

たちがプロジェクトに関わるわけではなく、限られた人材で実行するものです。プロジェクトに投入できる物的資源としても、商品の材料、研究所や工場などの開発環境は限られています。もちろん、金銭面も同様です。

　プロジェクトで投入される費用は、イニシャルコスト（初期費用）です。「ルーチンワーク（定常業務）」においても有限性がありますが、投入される費用は定常的に発生するランニングコスト（維持費用）であり、初期費用とは明確に区別されます。

有期性：ゴールが存在する

　３つめの特徴は、「**有期性**」です。プロジェクトには「始まり」と「終わり」があります。プロジェクトの開始時には、期限が定められ、そのゴールに向けてプロジェクトを進めていきます。その期限は、成果を公表しなければならない期日となる場合が一般的であり、決して「独自性」として設定した品質が実現するまで引き伸ばすものでもなければ、「有限性」のある資源が尽きたタイミングでもありません。

　あらかじめ、ゴールとなる期日が設定されていることからも、際限なく繰り返される「ルーチンワーク」とは一線を画すものです。なお、１つのプロジェクトを終えた後に、その結果をもとに次のプロジェクトに着手することもできます。その方法については、第８章で紹介します。

　プロジェクトの３つの特徴を理解するために、**表 1-1** では企業活動とまちづくりの２つの側面から、プロジェクトとルーチンワークの違いを例示しました。

　たとえば、表 1-1 の「毎日 1,000 杯のラーメンを調理し、販売する」企業活動は、その日で終わるものではなく、販売目標が変わったり経営方針を改めたりするまでは毎日続けられるルーチンワークです。「町内会で月に１回、地域の清掃活動を行う」まちづくりも、住民へのよびかけや清掃活動の準備、実施に至るまでの過程は、毎回大きく変化するものではありません。

　一方でプロジェクトの場合は、目標の達成に向けた期限のある活動です。「地元の食材を用いた新しいラーメンの開発」は、独自性のある商品開発を有限な資源の投入によって行うことになり、これを定められた期限までに実現することになります。もちろん、そのプロジェクトが達成されれば、その先には「毎日 1,000 杯のラーメンを調理し、販売する」といったルーチンワークに移行することも可能です。

表1-1 ルーチンワークとプロジェクトの違いの事例

	企業活動	まちづくり
ルーチンワークの例	・毎日 1,000 杯のラーメンを調理し、販売する。 ・工場の製造ラインのメンテナンスを定期的に行う。 ・お客様センターで、商品の故障などの相談に応じる。	・町内会で月に 1 回、地域の清掃活動を行う。 ・定期的に朝市を開き、商店街の活性化を目指す。 ・NPO が子育て相談電話窓口を開設し、常時相談を受け付ける。
プロジェクトの例	・地元の食材を用いた新しいラーメンの開発を行う。 ・不良品の削減を目的とした製造ラインの見直しを行う。 ・新たなコールセンターの開設を計画し、実施する。	・町内会が初めて河原の清掃活動に着手する。 ・朝市の一角に飲食スペースを開設し、新たな集客に挑戦する。 ・従来の電話相談事業に「女性による起業」相談を加える。

表1-2 プロジェクトの 3 つの特徴

独自性	プロジェクトではその成果物として必ず、従来は存在していなかった独自の新しい商品やサービスなどを生み出す。
有限性	プロジェクトには、人的資源や物的資源、コストなどに制約がある。
有期性	プロジェクトには「始まり」と「終わり」がある。

　プロジェクトの 3 つの特徴である「**独自性**」、「**有限性**」、「**有期性**」*を、あらためて**表1-2**にまとめました。

　では、前節で紹介したアーバンネットの事例にあてはめながら、この 3 つの特徴についてふりかえってみましょう。この事例は、「まちづくりへの参加の場づくり」を目指したまちづくりプロジェクトです。

独自性：まちづくりへの参加の機会を初めてつくった

　アーバンネットが登場するまで、仙台市内におけるまちづくりへの参加の機会は皆無でした。アーバンネットは参加の機会がない状態を克服した点において、従来にはなかった独自の新しいサービスを提供しました。

＊PMBOK®でも、「プロジェクトとは、独自のプロダクト、サービス、所産を創造するために実施する、有期性のある業務」と定義されていて、本書の定義と一致しています。

有限性：協賛企業の力を借りた

アーバンネットは、筆者をはじめとする大学院生に加え、よびかけに応じた中学生や高校生が加わり、計6人で立ち上げた活動でした。学生たち自身が持ち出せる資金には当然限りがありました。そこで、まちづくりチケットの対価となる商品やサービスは、協賛企業から無償で調達し、これを餌とするような形で、まちづくりへの参加者を増やしていったことが特徴です。

有期性：2年間で一定の成果を出した

アーバンネットは最初の2年間、仙台市の「まちづくり活動企画コンペ」の助成金を受けていました。初年度は、まちづくりの機会を数多く創出し、まちづくりチケットを得た市民のみが出店できるフリーマーケットを商店街のアーケード街で開催することを目指し、3月末を期限として設定しました。2年目は、街の魅力探しを参加者とともに行い、まち歩きマップを作成することを目指し、翌年の3月末を期限としました。このように、限られた期間のなかで、それぞれ到達目標を設定し、活動を進化させていきました。

さて、ここまではまちづくりプロジェクトの特徴を紹介してきました。実際のまちづくりプロジェクトでは、「独自性」、「有限性」、「有期性」に対応した到達目標を設定し、企画や準備、実行、評価を丁寧に進めていくことになります。これらの詳細な段取りについては、第2章から第8章までの間で順を追って説明していくこととしましょう。

第1章　参考文献
吉原直樹：コミュニティ・スタディーズ、作品社、pp. 159-184、2011

第 2 章

まちづくりプロジェクト
の始めかた

まちづくりプロジェクトは、目的や目標を明確にすることから始まります。これらの設定方法について理解していきましょう。

目的・目標の明確化

　第1章では、地域課題の解決や生活の質の向上のための活動を住民らが主体的に行うことを「まちづくり」、これらの到達目標を設定し、企画や準備、実行、評価を丁寧に進めていくことを「プロジェクト」と定義しました。まちづくりプロジェクトは、何かしらのまちづくりに取り組むプロジェクト型の活動です。

　まちづくりのプロジェクトの場合、「誰にとっての、どんな幸せを実現したいか」を真っ先にプロジェクトの「目的」として定める必要があります。その「目的」を達成するうえでは、詳細な「目標」が必要となります。達成する度合いや達成期限などが「目標」の1つとなります。さらに、「目的」を達成するためには、それにふさわしい「手段」が必要となります。

　そこでこの章では、皆さんがこれから取り組むであろうまちづくりプロジェクトの始めかたについて、理解することを目指します。とはいえ、

> 「まちづくりをしたいのだけれども、何に取り組めばいいかわからない」

と感じている人も多いのではないでしょうか。筆者もたびたびこのような相談を受けることがあるので、何も心配することではありません。

　経験上、こういった相談をされる方々がもつ悩みには、3つのタイプがあるように見受けられます。皆さんの悩みがどのタイプにあてはまるか確認しておくと、これから皆さんがどのように取り組んでいけばよいか、明らかになってきます。

(1)　理想とする社会はイメージとしてあるけれども、何から着手すればよいかわからないタイプ（理想社会先行型）

　このタイプは、「経済的に困窮している子どもたちをなくしたい」、「もっと観光客で賑わう町にしたい」などといった理想像がある場合です。理想とする社会の姿が明確になっている点で、すでにプロジェクトの「目的」となるものが存在している状態です。そこで、まずは「目標」の設定、その次には「手段」の決定を行う手順となります。

(2) やりたいことは決まっているけれども、それに対応したゴールが決まらなかったり、社会的なニーズがなかったりするタイプ（手段先行型）

　このタイプは、「子ども食堂を始めたい」、「外国人観光客向けのミニツアーをやりたい」などと、「手段」が決まっている場合です。一見すると、プロジェクトの「目的」がはっきりと定まっているように思われるかもしれませんが、まちづくりプロジェクトを確実に進めていくうえでの適切な内容には至っていない状態です。この場合は、まずは「目的」の設定から始めなければなりません。

　ちなみに、企業活動などでは「目的」と「手段」が先行して決まっている場合がありますが、その手順でプロジェクトを進めるタイプのことを「プラント型」とよびます。理想的なまちづくりプロジェクトの姿は、「目的」や「目標」に応じて、その課題解決に最もふさわしい「手段」を後から決めていく「マネジメント型」です。本章では、プラント型とマネジメント型について詳しく説明しているので、ぜひ読み進めてください。

(3) 社会のためなら何でもしたいという意欲はあるが、それ以外は何も決まっていないタイプ（意欲先行型）

　このような意欲あふれる皆さんは、まず「目的」と「目標」をはっきり決めるところから始めることになります。また、本章の後、第3章において地域課題の把握のしかたや戦略づくりの方法などを紹介しています。これらの方法を身に付けながら、関心領域を見つけ、まちづくりプロジェクトに着手してください。

② 目的の設定

　表2-1 には、まちづくりプロジェクトの2つの例を示しました。それぞれのプロジェクトについて、プロジェクトの目的、目標、手段を併記しています。

　まずは、「目的」欄を見てみましょう。「目的」とはいわば、そのプロジェクトの**「テーマ」**（主題・題材）です。河原の清掃活動の例では水遊びできる河原の再生という唯一のテーマがあり、朝市の飲食スペースの例では来街客の飲食ニーズの充足と朝市の集客増の2つのテーマがあります。このように、プロジェクトではその達成に向けたテーマを設定します。

　本書冒頭の「はじめに」にもあらためて目を通してください。このなかでまちづ

表 2-1　目的・目標・手段の関係

	例 1	例 2
概要	町内会が初めて河原の清掃活動に着手する。	朝市の一角に飲食スペースを開設し、新たな集客に挑戦する。
目的	子どもたちが水遊びできる河原の再生を目指す。	・来街客の飲食ニーズを満たす。 ・朝市の集客を増やす。
目標	・河原に落ちていたごみをゼロにする。 ・合計 1 万人の参加を目指し、みんなが親しめる河原にする。 ・夏までに子どもたちにとって安全な河原にする。	・朝市で買った食材の調理を依頼できる。 ・歳末市までは飲食スペースをオープンさせる。 ・飲食スペースの開設により来客が 1 割増える。
手段	・地域住民に加え、地域外からも参加を募る。 ・計 3 回実施し、各回とも清掃後にはバーベキューをふるまう。	・商店街の空き店舗を活用した改装に取り組む。 ・財源として、クラウドファンディングによる寄付を募る。

くりプロジェクトはテーマ型の活動であると表現したのは、必ずテーマを有している活動だからです。

　まちづくりプロジェクトのテーマは、一般には社会的な課題から導き出されるものです。このことについては、第 3 章で詳しく述べます。

③　目標の設定

　次に、「目標」欄を見てみましょう。それぞれのプロジェクトにおいて、達成する度合いや達成期限などが明記されています。その多くは、数値で定量的に表現できる「プロジェクトのゴール像」であることがおわかりいただけるでしょう。

　「目標」の設定は、2 つの視点で行うとよいでしょう。

独自性・有限性・有期性を評価する

　1 つめの視点は、第 1 章で説明した**独自性**、**有限性**、**有期性**といった視点を評価軸として言い換えたもので、それぞれ「**品質**」（**Quality**）、「**コスト**」（**Cost**）、「**納期**」（**Delivery**）です。これらの頭文字をとって、まとめて **QCD** とよびます。プ

表 2-2 プロジェクトの 3 つの特徴と QCD の関係

独自性 ▶	品質（Quality）	どのような中身の達成をゴールとするか。
有限性 ▶	コスト（Cost）	投入できる資源の限界値はどのくらいか。
有期性 ▶	納期（Delivery）	いつまでに達成しなければならないか。

ロジェクトでは、ここで設定した QCD が同時に達成され、完了することになります。**表 2-2** で、これらの関係を確認しておきましょう。

プロジェクトが及ぶ範囲を明確に定める

　もう 1 つの視点は、プロジェクトの波及範囲（スコープ）を明確に定義することにあります。プロジェクトが、どのくらいの規模で、誰のためのものなのか、その効果が及ぶ範囲を定めることになります。これを「**スコープ計画**」*とよびます。

　たとえば、先ほどの「子どもたちが水遊びできる河原の再生」のプロジェクトにおいて、「ごみをゼロにする」河原の範囲はどこまでか決めたり、落ち葉や流木も拾う対象とするか決めたりすることがこれにあたります。「品質」（Quality）の定義と区別しづらいかもしれませんが、「品質」（Quality）は成果物の定義であり、スコープ計画はどこまで皆さんが奔走するかを定義するものだと考えていただくとわかりやすいでしょう。

---

④ 目的・目標の妥当性

　さて、まちづくりプロジェクトを立ち上げるにあたって、目的と目標を設定することについて説明をしました。ところで、あなたが設定した目的と目標は、プロジェクトを進めるにあたって妥当なものとなっているでしょうか。目的と目標に分けて、見ていきましょう。

＊PMBOK®の「スコープ計画」においては、成果物の定義とあわせ、プロジェクトの効果が及ばない範囲を定めることとされています（PMBOK®では「プロジェクトからの除外事項」とよんでいます）。

目的の妥当性

まずは、目的の妥当性についてです。

（1） 社会性を伴っているか

先に説明したように、プロジェクトの目的とは、すなわちプロジェクトのテーマです。このテーマは、社会的な要請から導き出されるものです。すなわち、まちづくりプロジェクトにおける適切な目的とは、社会性を伴っているか否かで判断できるといえます。さまざまなルール（法律や地域の慣習など）を守っていることも、目的の設定のうえで必然となります。

（2） 関係者のニーズを満たしているか

また、まちづくりプロジェクトではステークホルダーの要求やニーズ＊を満たすことも期待されます。ここで「ステークホルダー」とは、利害関係者のことです。まちづくりプロジェクトにおけるステークホルダーは、地域社会に暮らす個人や団体などさまざまですが、こういった方々が「やってほしいこと」は何なのか、「やってほしくないこと」は何なのか、関心をもち、そのニーズを満たしたテーマ設定を行うことが不可欠です。プロジェクトを進めるうえでのステークホルダーとの関係は非常に複雑なので、ステークホルダーとどのように向き合うべきかについては、あらためて第5章で説明します。

（3） 組織の理念や使命から逸脱していないか

ところで、そのプロジェクトに取り組む組織は、「**ミッション**」（**活動理念・社会的使命**）を有しています。プロジェクトで設定するテーマは、組織のミッションから大きく逸脱しておらず、その組織で扱える規模にあることが理想です。これから取り組むプロジェクトのために新たに組織を立ち上げる場合は、おそらく組織のミッションとプロジェクトのテーマが大きくかけ離れることはありません。一方で、既存の組織が新しいプロジェクトに取り組む場合は、本当にそれが自分たちで取り組むべきテーマなのかは吟味しましょう。なぜならば、組織のミッションに内包さ

＊PMBOK®においても、プロジェクトは「規制、法的、または社会的な要求事項を満たす」ことや、「ステークホルダーの要求またはニーズを満たす」ことを重視しています。

れないプロジェクトのテーマを掲げたとしても、プロジェクトに必要な有限な資源を投入するのは、その組織にほかならないからです。組織内での合意形成をスムーズに進めるためには、プロジェクトのテーマと組織のミッションが乖離しないことが不可欠となります。

目標の妥当性

次に、目標の妥当性についてです。

（1） 組織の身の丈に合った目標になっているか

プロジェクトの目標の妥当性は、QCD の目標値やプロジェクトの波及範囲が実行組織の身の丈に合っているかで評価できます。つまりは、あなたの「やりたいこと」が「できること」（Q＝技術的な力量、C＝投入できる資源量、D＝持ち合わせている作業時間、など）を大きく上回るような高望みをしてしまうと、プロジェクトの達成はなしえません。なしえないことにチャレンジするのがプロジェクトではなく、達成するための適切な手順を採用しながら、確実に実現に向かって突き進むのがプロジェクトであるということを理解し、適切な目標設定を行いましょう。

まちづくりプロジェクトの初心者が陥りやすいのは、「私たちは社会全体のために取り組みます」、「このプロジェクトで用いる手段は、みんなの役に立ちます」といった具合に、対象範囲が際限なく拡大してしまうパターンです。これを真正面から実現しようとすると、QCD としては、80 億人誰にでも対応できる Q、際限なく投入される C、達成はいつになるかわからない D が設定されることになり、プロジェクトとしての体裁をなしておらず、頓挫の原因になってしまいます。とはいえ、理想とする社会の実現を志すことはとてもよいことなので、もしこういったことに取り組もうとするならば、まずは手始めに実現可能な小さな波及範囲を設定するようにしましょう。

（2） プロジェクトを複雑にしすぎないために

ところで、スコープ計画でプロジェクトの波及範囲を絞り込む理由がもう 1 つあります。波及範囲を広げすぎてしまうと、プロジェクトはその分だけ複雑になってしまうからです。

たとえば、先に例として挙げた「朝市の一角に飲食スペースを設置するプロジェ

クト」について考えてみます。下記の2つのプロジェクト案を見比べてみましょう。

> **1.** 朝市の一角に飲食スペースを設置する。来街客の飲食ニーズを満たすことを目的とし、朝市で買った食材の調理を依頼できることを目指す。
>
> **2.** 朝市の一角に飲食スペースを設置する。来街客の飲食ニーズを満たすことに加え、所得の低い子育て世帯の支援を目的とし、朝市で買った食材の調理を依頼できるだけではなく、子ども食堂を併設して、放課後の子どもたちの居場所となることを目指す。

　プロジェクト案1に比べて、プロジェクト案2は一見すると、現代の社会的課題の要請に的確に応えているように見えます。しかしながら、プロジェクトの波及範囲が拡大することにより、ステークホルダーの増加につながってしまいます。ここでは、所得の低い家庭の子どもたちやその親、学校や民生委員・児童委員など、子どもたちを取り巻く組織や人々との連携が不可欠となり、さらには子どもたちの居場所づくりのための新たな専門職人材の登用も必要になります。また、達成される成果物の複雑化（Qへの影響）、コストの上昇（Cへの影響）、達成まで多くの時間を費やすこと（Dへの影響）にもつながってしまいます。プロジェクトの波及範囲を広げることは、プロジェクトが複雑化することそのものであり、プロジェクトの実行組織としてこの困難に耐え抜く覚悟を伴うことを忘れてはいけません。

⑤ 統合の仕組みづくり

　プロジェクトは「PDCAサイクル」、すなわち「計画（Plan）」→「実行（Do）」→「評価（Check）」→「改善（Act）」の循環が重要だと聞いたことがある方も多いと思います。本書もおおむねこの段取りで書かれているので、4つの手順を含めばプロジェクトはうまくいくのだろう、と考える方もいるかもしれません。しかし、実際の優れたプロジェクトは、計画段階でほぼすべての段取りは終了し、後は自分たちで決めたルールに沿って粛々と事を進めるだけの場合が多いのです。

各段階でのとりまとめの仕組みをつくる

プロジェクトを着実に実行していくためには、プロジェクトの目的や目標が定まり、スコープ計画を終えたら、次に「統合」の仕組みづくりを行うことがよいでしょう。「統合」とは、プロジェクトの各段階での意思決定を伴うとりまとめ作業です。各担当者、各部門で進められている作業をほかの担当者からも見えるようにしたり、適切に作業が進んでいるかをチェックしたり、全員で納得しながら意思決定したりすることが「統合」に含まれます。「統合」の仕組みがあれば、担当者の場当たり的な判断を抑制することができ、全員が納得しながらプロジェクトに取り掛かることができます。

「統合」は、プロジェクトの目的や目標を共有するために、取り組むべき内容を書面化することから始まります。PMBOK®ではこの書面を「ビジネス文書」とよんでいますが、本書ではわかりやすさのため、「企画書」とよぶことにします。よい企画書のつくりかたは、第5章で学ぶことにしましょう。

責任と権限を明確にする

「統合」の仕組みをもつことは、責任と権限の明確化につながります。本書では、「意思決定の仕組み」、「情報共有の仕組み」、「進捗管理の仕組み」をあらかじめ決めておくことを推奨します。実際のプロジェクトではおそらく、ある人は外部との折衝、ある人は物品の調達、ある人は広報、といった具合に、いくつかの部門に分かれながら作業を進めることになります。自分が担当している部門で進めている作業については、部門内では常に、組織全体では定期的に情報を共有しながら、それぞれの作業の進み具合をチェックします。定期的に組織全体での打合せを行いながら、進捗を管理することになります。ときにはプロジェクトの軌道修正を伴うこともあり、この際にも組織全体での意思決定がなされていくことになります。このように意思決定と情報共有、進捗管理は、三位一体であり、それぞれを切り離すことは困難です。進捗管理の進めかたなどについては、第7章で説明します。

「統合」の仕組みづくりの参考となるようなモデルを**表2-3**に示します。この表に示したように、部門ごとのリーダーの決定、意見調整の方法の決定、資料の共有方法の決定、打合せの日程の決定など、プロジェクトが本格始動する前の段階で、「統合」のための仕組みづくりが多岐にわたって必要となります。

表 2-3 モデル的な統合の仕組み

意思決定の仕組み

- 各部門にはリーダーとサブリーダーを置く。1人が複数の部門の役職を兼ねてもかまわない。
- プロジェクトに着手する段階で QCD はすでに明確なので、部門内の意思決定はそれによればよい。
- それでも部門内で意思決定が必要な場合は、十分に議論を尽くし、遅くとも全体での打合せまでには部門としての意思決定をする。
- 部門内での議論がまとまらない場合は、リーダーが絶対的な権限をもつ。リーダー不在の場合は、サブリーダーが絶対的な権限をもつ。
- 組織全体での意思決定は、各部門の意思決定に委ねられる。ただし、プロジェクトの目標に変更を伴う場合は、組織全体で意思決定しなければならない。その意思決定には誰が参加できるのか（組織全員なのか、役員全員なのか、リーダー全員なのか）あらかじめ決定する。

情報共有の仕組み

- 部門内の情報は、頻繁にまとまった情報として共有できる仕組みをあらかじめ講じる（日報の作成、資料の置き場の決定など）。
  ※チャットツールなどでの途切れ途切れの情報の発信は、まとまった情報にはならず、誤解の原因となる。
- 部門の情報を組織全体で共有する仕組みをあらかじめ講じる（部門内で用いている細切れの情報ではなく、意思決定に用いることができる編集された情報が望ましい）。

進捗管理の仕組み

- 進捗管理を目的とした部門内での打合せ（部門ミーティング）の頻度を決定する。
- 進捗管理を目的とした組織全体の打合せ（全体ミーティング）の頻度を決定する。

⑥　プロジェクトの頓挫

　プロジェクトは、始めの仕込みがとても重要で、これを怠ってしまうと、簡単に頓挫してしまいます。とくにまちづくりプロジェクトは、地域の多くの方々の期待を背負って取り組む場合が多いため、プロジェクトが何らかの理由でストップしてしまうことは、多くの人たちの失望感につながってしまいます。

　そこで、ここでは、プロジェクトが頓挫してしまう要因を紹介したうえで、これをプロジェクトの仕込みの段階で事前に回避する方法について理解していきます。

　プロジェクトは、主に次の4つの内部的な要因で頓挫します。

（1）　目的や目標、スコープがあいまい、組織のミッションとプロジェクトのテーマが乖離している

　プロジェクトが頓挫する要因の1つめは、プロジェクトの目的や目標、スコープがあいまいに設定されていたり、組織のミッションとプロジェクトのテーマの乖離が著しかったりするケースです。

　具体的な例を図2-1で見てみましょう。たとえば、QCDの目標があいまいなプロジェクトは、そもそもその実現のためにどのような手段を適用すべきか決定できません。スコープがあいまいな場合は、プロジェクトのゴールが最後まで明らかとならず、暗中模索となってしまいます。組織のミッションとプロジェクトのテーマの不一致がある場合は、組織内外においてプロジェクトへの共感を得られにくく、後に必要となる各方面からの支援を受けづらくなってしまいます。

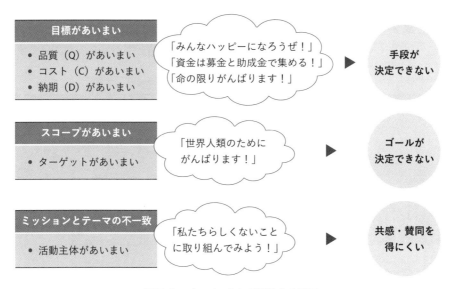

図2-1　プロジェクトが頓挫する要因

（2）　合目的性が欠如している（目標と手段が一致していない）

　2つめは、プロジェクトの「合目的性」が欠如している状態でプロジェクトを始動させてしまった場合です。合目的性とは、プロジェクトの目標の達成に向けて導入した手段の妥当性のことであり、この妥当性が欠如している場合、プロジェクトは頓挫してしまいます。

　具体的には、導入した手段がQCDの達成に寄与できるかどうかをあらかじめ

チェックすることによって、この問題は十分に回避できます。

（3）　リスクへの対策が欠如している（リスクマネジメントが行われていない）

　プロジェクトの頓挫の要因の３つめは、適切なリスクマネジメントが行われない場合です。この状態でリスクに直面すると、それを回避することができず、生じた被害や損害への対処に追われる事態を招いてしまいます。すなわち、あらかじめ何らかの対策を講じていなかったがために、被害や損害を抑えられなくなってしまうのです。

　まちづくりプロジェクトにおいて考慮すべきリスクは、「テクニカルリスク（品質不足の危険）」、「コストリスク（資源超過の危険）」、「スケジュールリスク（納期遅滞の危険）」の３つです。言わずもがな、これらは QCD と対応しています。

　これらのリスクの発生を未然に防いだり、発生後の影響を最小にしたりするためには、表 2–4 に示した「リスクの特定」、「リスクの分析」、「リスクの評価」、「リスクの対応」といったリスクマネジメントをあらかじめ講じておく必要があります。

表 2–4　プロジェクト遂行におけるリスクマネジメント

リスクの特定	リスクにはどんなものがあるのか、あるいはなぜそのような問題が発生するのかについて、あらかじめ想定しておく。
リスクの分析	特定できたリスクがどのような頻度で発生し、どのような影響をもたらすのか、あらかじめ分析しておく。
リスクの評価	想定されるリスクに対して、処理すべき優先度を明らかにしておく。
リスクの対応	実際にリスクによる被害が生じた場合、これらを最小限に留めるための方策を検討しておく。

　プロジェクトを遂行する組織全体においては、ほかにもさまざまなリスクの発生が予想されます。たとえば、プロジェクトのスタッフが急病で倒れたらどうするのか、別のプロジェクトの予算が逼迫したらこちらのプロジェクトにはどのような影響が及ぶのか、などがそれにあたります。本書ではこのような組織に生じうるリスクへの対策については割愛しますが、前節の統合の仕組みづくりがうまくいっていると、回避できるリスクは多くなります。

(4) 組織内での対立（コンフリクト）が発生する

　プロジェクトの頓挫の要因の４つめは、「コンフリクト」の発生です。コンフリクトとは、プロジェクトの遂行に際しての責任や権限の不明瞭さにより、意思決定や情報共有、進捗管理などに不具合が生じ、組織内に対立が起こった状態のことです。これは、プロジェクトの立上げに際して、統合の仕組みづくりが不十分であった場合に発生します。

　以上の４つの頓挫の要因は、すべてプロジェクトの立上げの段階で排除することが可能であることはおわかりいただけるでしょう。

 ## 7　プロジェクトの２つの始めかた

　さて、ここまでは、目的や目標の設定の方法、統合の仕組みづくりなど、まちづくりプロジェクトの始めかたの基本について紹介してきました。

　ここまで紹介してきたプロジェクトの始めかたは、「マネジメント型」とよばれるものですが、実はもう１つ、「プラント型」という始めかたがあります。本章の最後に、両者の違いについて紹介しておきましょう。

プラント型：目的や成果物が決まっている

　「プラント型」のプロジェクトとは、最初から目的や成果物が決定していて、それを実現するための手段を考えること自体がプロジェクトとなるものです。プラント（工場）でのものづくりがそれにあたるので、「プラント型」とよばれます。また、「どのように」実現するかを考えることになるので、こういった考えかたを「How思考」ともいいます。

　たとえば、自動車工場のミッションはおおざっぱにいうと「自動車の生産」ですが、その組織が取り組むプロジェクトのテーマが「製造ラインの見直し」であるような場合、「プラント型」のプロジェクトとして取り組むことになります。このように、「プラント型」のプロジェクトでは、もともとの組織のミッションに委ねる形で、おのずと取り組むべきテーマが決まっていくことが特徴です。

　プロジェクトマネジメントの指南書のなかには、生産管理の現場での活用を企図したものが多くあります。したがって、こういった指南書では「プラント型」を前

提とした解説が盛り込まれています。

マネジメント型：目的や理想的な社会のありかたの探索から開始する

一方で、「マネジメント型」のプロジェクトとは、プロジェクトの目的や理想的な社会のありかたの探索を最初に行い、次にそれを実現するための手段を考える手順のものです。取り組むべき対象を含めた全体像を構想する作業から着手することになるので、「マネジメント型」とよばれます。また、「何に」取り組むかを考えるので、この考えかたを「What 思考」とよびます。

まちづくりプロジェクトの場合、最初から目的や成果物が決まっている場合よりも、何に取り組むべきか考えることから始める場合が多いため、一般的には「マネジメント型」となります。

「プラント型」と「マネジメント型」の違いについて、**表 2–5** に事例として挙げました。「マネジメント型」のプロジェクトでは、プロジェクトの立上げ時から「考える」作業を伴うことがわかるでしょう。この初動期の考える作業にステークホルダーを巻き込むことも可能です。まちづくりプロジェクトでは後にステークホルダーとの合意形成が必要になることを踏まえると、「考える」作業をプロジェクトの初動期に行う「マネジメント型」は理想的な進めかたであるといえます。

表 2–5　プラント型プロジェクトとマネジメント型プロジェクトの違い

	プラント型	マネジメント型
日常生活	夫婦が念願のマイホームを建てる。	夫婦が生活環境の改善を目指して、何に取り組めばよいか、考える。
企業活動	地元の食材を用いた新しいラーメンの開発を行う。	地元の食材をアピールするにはどのような方法がよいか、考える。
まちづくり	朝市の一角に飲食スペースを開発し、新たな集客に挑戦する。	商店街主催の朝市の集客増加に寄与する方法は何であるか、考える。

第 3 章

地域課題に向き合う

地域課題の解決は、まちづくりプロジェクト
の重要なアプローチの 1 つです。私たちの
身の回りの地域課題に目を向け、まちづくり
プロジェクトに着手するための戦略づくりに
ついても理解していきましょう。

① 地域課題の探索

　第1章では、地域課題の解決や生活の質の向上のための活動を住民たちが主体的に行うことを「まちづくり」、これらの到達目標を設定し、企画や準備、実行、評価を丁寧に進めていくことを「プロジェクト」と定義し、まちづくりプロジェクトは、何かしらのまちづくりに取り組むプロジェクト型の活動であると説明しました。

　では、まちづくりの本質である「地域課題の解決」や「生活の質の向上」とは、何でしょうか。これらは異なる2つのアプローチであると考えると、わかりやすくなります。

　端的には、「地域課題の解決」とは、地域が抱えているマイナスの面をプラスに転じるための活動を行うことです。一方で、「生活の質の向上」とは、地域のなかでの魅力や強みなどのプラスの面をより引き出して、価値を与えるための活動を行うことです（**図3–1**）。

　しかし、ひとえに地域のマイナス面やプラス面といっても、それを見つける方法を知らなければ、まちづくりに取り掛かることはできません。そこで本章では、「地域課題の解決」の入り口として、地域課題を探索する方法について紹介し、その後に第4章で「生活の質の向上」にも目を向けてみることにしましょう。

地域課題の解決
　マイナスの面をプラスに転じる

> ごみが海岸に放置されている
> →ごみ拾いで景観を改善する

生活の質の向上
　プラスの面にさらに価値を与える

> 豊かな自然に恵まれている
> →観光資源として活用する

図3–1　「地域課題の解決」や「生活の質の向上」

地域課題の「原因」を探す

「あなたの暮らす地域の課題を挙げなさい」と問われた場合、あなたはいくつ挙げられるでしょうか。また、あなたが課題だと考えたものは、はたして地域を悪くしている「原因」でしょうか。それは実は原因ではなく、「結果」ではないでしょうか。そもそもそれは、地域固有の課題なのでしょうか。

1つの例を挙げてみましょう。

☆☆地区では、人口が減少している。

これは、「原因」ではなく、「結果」です。この地区では、大きな工場が閉鎖されたのかもしれません。もしくは、近年、大きな災害で被災したのかもしれません。このような何かしらの原因があって、その結果として人口が減少するのです。すなわち「☆☆地区では、人口が減少している」は、課題であったとしても、その根源を突き詰めたとはいえません。

また、人口が減少しているのは、我が国の社会全体の動向です。☆☆地区にとっての課題であることは間違いないとしても、社会全体が同じ傾向にあるのだとすれば、それによってもたらされている困りごとは社会全体の課題であり、地域固有の課題として悩んだとしても解決が困難な場合もあるでしょう。

「誰に」（to Whom）と「なぜ」（Why）から考える

地域課題の根源を突き止め、また地域固有の課題を探索するには、どうすればよいでしょうか。このためには、その地域課題は「誰に」（to Whom）に影響しているのか、「なぜ」（Why）困っているのかを明らかにすると簡単です。

たとえば、次のような感じになります。

☆☆地区では、××工場が閉鎖された。
これにより、Why 雇用の場が失われ、to Whom 若者が困っている。

このように、地域課題を探索する場合には、常に「誰に」対して影響が生じていて、「なぜ」困っているのかを意識するようにしましょう。

なお、「誰に」（to Whom）や「なぜ」（Why）を考える視点は、企画書づくりにおいても重要になります。企画書づくりについては、第5章で紹介することとします。

さまざまな地域課題をリストアップする

　さて、地域課題の解決に取り組むにあたって、直面している地域課題によって「誰に」影響し、「なぜ」困っているか、明らかにすることの重要性まで指摘しました。では、先ほどの例に挙げた「☆☆地区では、××工場が閉鎖された」からもたらされる地域課題を、もう少しリストアップしてみましょう。

☆☆地区では、××工場が閉鎖された。

1. Why 雇用の場が失われ、to Whom 若者が困っている。
2. Why 空き倉庫が発生し、治安上の不安が生じ、to Whom 近隣住民の不安につながっている。
3. Why 産業廃棄物が残されており、to Whom 地元町内会が処理しなければならず、困っている。
4. Why 工場で生産していた人気のチョコレートがなくなり、地域の看板商品がなくなり、to Whom 地域や市域全体のセールスポイントがなくなった。

　工場の閉鎖というたった1つの出来事によってもたらされる地域課題は、きわめて多様であることがわかります。1つの出来事が原因で、「誰に」影響が生じ、「なぜ」困っているか、突き詰めていくためには、「私が」「漠然と」困っている状態から脱することが重要です。具体的に困りごとを抱えている当事者の立場になりきって想像力をはたらかせてみたり、あるいはその当事者にインタビューをしてみたりすることで、「誰に」や「なぜ」を明らかにしましょう。

　学生たちがヒアリングなどを通じて、漠然としていた地域課題を明らかにしたうえで取り組んだまちづくりプロジェクトについて紹介しましょう。

商店街での課題を探る活動

東北公益文科大学の2年生の学生5名はいずれも地方都市の出身で、大学のある山形県酒田市の中心商店街の活気が薄れゆく様子に、自らの故郷の姿を重ねていました。彼ら／彼女たちは漠然と、この商店街の活性化に取り組みたいと考えていましたが、地域の課題が何であるか、また学生が何を期待されているかについては、理解していませんでした。商店街のごみ拾い活動をすれば、多くの市民が商店街に関心をもつのではないか、などといったことも考えていました。

そこで学生たちは、「まちとつながろう！プロジェクト」と題し、商店街でヒアリングを行ったり、商店主たちとの意見交換会を開催したりしました。これにより学生たちは、商店主たちの関心はごみ拾いなどではないことに気付かされました。「毎日立ち寄ってもらえる八百屋などの店舗がないこと」、「商店街の情報

発信がうまくできていないこと」など、地域が抱える課題はとても具体的でした。

そこで学生たちは、空き店舗を借り、「まちなかサロン」を運営することを決めました。物件は酒田市の中心市街地活性化を手掛けるタウンマネージャーに見つけてもらいました。家賃は、民間団体の助成金では足りず、地元の野菜や商店街から預かった商品を受託販売した売上などで補填することにしました。

冬のある日、オープンにこぎ着けたサロンには、開店を待ちわびていた多くのお客さんがやってきました。土日には子どもたちのための木工教室を開催するなど、いつ来ても楽しんでもらえるような場所づくりを学生たちは心がけていました。

わずか1ヶ月間の取組みでしたが、話題を集め、全国から視察に訪れる人たちも絶えませんでした。

図3-2　意見交換会の様子　　　　図3-3　まちなかサロンの様子

やってみよう！

- あなたの自宅がある地区で起きている出来事を挙げ、その出来事が原因で、「誰に」影響が生じ、「なぜ」困っているか考えてみましょう。

　視点 1.「誰に」を考えるにあたり、あなた自身とは異なるプロフィールの方の存在を見落としていませんか？

　　　　たとえば、地区住民みんなで子育てをしていくことが期待されている未就学児、地区の学校に通う小中学生、地区外の学校に通う高校生や大学生、地区外からやって来る学生や就業者、子育て世帯、高齢者、ハンディキャップをもつ方々など、さまざまな方々が暮らしている事実に思いを馳せましょう。

　視点 2.「なぜ」を考えるにあたり、さまざまな人々の立場に立っていますか？年齢や職業、ライフスタイルなどのプロフィールをイメージしながら、その人たちの生活に即して考えてみる習慣を身に付けましょう。想像してもわからない場合は、実際にインタビューしてみたり、地区の学校や生涯学習施設などで実施しているフィールドワークの成果物を閲覧させてもらうのもよいでしょう。

② 地域が抱える強みと弱み

　まちづくりには2つのアプローチがあり、1つは地域が抱えているマイナスの面をプラスに転じるための「地域課題の解決」、もう1つは地域のなかでの魅力や強みなどのプラスの面をより引き出して、価値を与えるための「生活の質の向上」であることを本章の冒頭で説明しました。

　地域がもつプラスの面は、いわゆる「強み」です。一方で、地域が抱えているマイナスの面とは、「弱み」です。これに加えて、社会動向としてのプラス材料を「機会」、マイナス材料を「脅威」ととらえます。これらをあわせた4つの側面をリストアップしておくと、地域の現状を明らかにしやすいので、ここで紹介します。

　「強み」（**Strength**）、「弱み」（**Weakness**）、「機会」（**Opportunity**）、「脅威」（**Threat**）の4つをリストアップし、現状分析を行う手法は、その4つの頭文字をとって

「**SWOT**（スウォット）**分析**」とよばれています。1920年代にハーバード・ビジネススクールで開発され、1960年代にはその手法が確立され、現在もなお、企業経営や商品開発などの戦略策定で広く用いられている手法なので、知っている方も多いでしょう。

なお、経営学の分野では、「機会」を外部のプラス材料、「脅威」を外部のマイナス材料と説明していますが、私たちのボーダレスな地域社会を巡る問題で、地域の内部と外部を分節して考えていくことはきわめて困難で、まちづくりプロジェクトにおける分析を進めるときには、かえって混乱のもととなってしまいます。そこで、まちづくりプロジェクトに用いるSWOT分析では、社会動向としてのプラス材料を「機会」、社会動向としてのマイナス材料を「脅威」ととらえてください。

SWOT分析は、以下の手順で進めることになります（**表3–1**）。

表3–1　SWOT分析

	プラス材料	マイナス材料
地域の様子	**強み（Strength）** 目標達成に貢献できる地域の特質	**弱み（Weakness）** 目標達成の障害になる地域の特質
社会動向	**機会（Opportunity）** 目標達成に貢献できる社会の情勢	**脅威（Threat）** 目標達成の障害になる社会の情勢

1. まずは、**SWOT分析で扱う領域を明確にします**。たとえば、「観光振興」、「農業の活性化」、「雇用の創出」といった具合です。初期段階である程度、分析で扱う領域を絞り込んだとしても、後々の戦略づくりのときに分析では扱わなかった領域のアイディアを取り込むことは容易なので、心配はいりません。
2. **「強み」（Strength）欄**には、分析で扱う領域において、地域住民らが地域の魅力であると感じている物事や、ほかの地域に比べて秀でていることなどを書き込みます。まちづくりに活用できそうな「地域資源」のうち、特徴的なものをいくつかリストアップすることでもかまいません。地域資源の探索方法については、第4章を参照してください。
3. **「弱み」（Weakness）欄**には、分析で扱う領域における地域課題を書き込みます。前節で紹介したように、「誰に」影響が生じ、「なぜ」困っているか、明らかにしておくとよいでしょう。
4. **「機会」（Opportunity）欄**には、分析で扱う領域における社会全体の動向の

うち、プラス材料を書き込みます。社会動向なので、新聞記事などから目ぼしい情報を書き写すようなスタンスでかまいません。国などの公的支援制度がある場合は、ここに書き込んでおいたほうがよいでしょう。

5. **「脅威」（Threat）欄**には、分析で扱う領域における社会全体の動向のうち、マイナス材料を書き込みます。新聞記事なども活用してみましょう。他都市で課題となっている事項が私たちの地域にもあてはまることはよくある話です。その場合は、そのまま転記することでかまいません。

SWOT 分析の一例として、ある町の「中心商店街の活性化」を扱った分析結果を**表 3-2** に示しておきます。

このように、SWOT 分析は、私たちの暮らす地域をあるテーマで切り取ったときに、その全体像を俯瞰するために非常に役立つ手法です。

表 3-2　ある町の「中心商店街の活性化」を巡る SWOT 分析

	プラス材料	マイナス材料
地域の様子	・公共交通が充実している。 ・駅前の歩道が広い。 ・歴史的建築物が存在している。	・商店街が閑散としており、見た目の活気がない。 ・通過交通が多く、商店街に立ち寄ってもらえない。 ・あまりきれいではない水路が流れていて、商店街の歩道が狭い。
社会動向	・写真映えする空間や食べ物が流行している。 ・国が歩道などの公共空間をカフェなどに活用することを推奨し始めた。	・大型店の出店が相次いでおり、客足が移りつつある。 ・人口減少・少子高齢化に歯止めがかからない。 ・公衆衛生上の問題が観光客数の減少をもたらしつつある。

③　地域課題の戦略化

前節では、☆☆地区の工場閉鎖に伴う地域課題について例示しました。たとえば、1つめの地域課題に対して、その解決のための取組みを計画するとしたら、どうなるでしょうか。たとえば、次のような解決策は適切でしょうか。一緒に考えてみま

しょう。

> **[地域課題]**
> ☆☆地区では、××工場が閉鎖された。
> 雇用の場が失われ、若者が困っている。
>
> **[地域課題の解決]**
> ××工場に代わる雇用の場を創出する。

　一見すると、正しい解決策のように思われます。しかしながら、そもそも工場が撤退したのは、その地域環境や社会情勢が事業を継続するのにふさわしくなかったからなのではないでしょうか。別の雇用機会を創出することはとても重要ですが、地域社会を巡る問題の根底に手が届いているとはいえないのではないでしょうか。

　地域のなかで何かが「ない」、あるいは「なくなった」状態に対し、「ある」状態を求めることは、ごく自然な欲求ですが、これではその地域にふさわしい抜本的な問題の解決にならないことが多くあります。コストの面で過剰な投資が必要になったり、地域間競争に負けてしまいがちな元来の地域構造に目を向けないままとなってしまったりするためです。

　そこでここでは、まちづくりの適切な戦略づくりのために、SWOT分析の活用方法について紹介します。

　まず、「強み」(Strength)、「弱み」(Weakness)、「機会」(Opportunity)、「脅威」(Threat) のそれぞれの欄に、SWOT分析の成果を書き込んでみましょう。そして、以下のようにして戦略をつくっていきます（**表 3–3**）。

表 3–3 SWOT分析に基づく戦略的判断

		社会動向	
		機会 (Opportunity)	脅威 (Threat)
地域の様子	強み (Strength)	積極的攻勢 [S×O]	差別化戦略 [S×T]
	弱み (Weakness)	段階的施策 [W×O]	専守防衛／撤退 [W×T]

1. **[S×O]** 「強み」(Strength) と「機会」(Opportunity) を掛け合わせて得られた戦略 [S×O] は、積極的攻勢を仕掛けてよいものです。それ自身が地域の強みであり、かつ社会動向としてもその強みを後押しできる環境にあるためです。

2. **[S×T]** 「強み」(Strength) と「脅威」(Threat) を掛け合わせて得られた戦略 [S×T] は、差別化戦略を図ることができるものです。社会全体として感じている脅威に対して、その地域では絶対的な強みをもって対抗することが可能となるためで、その強みをもちえないほかの地域との差別化を実現することができます。

3. **[W×O]** 「弱み」(Weakness) と「機会」(Opportunity) を掛け合わせて得られた戦略 [W×O] は、段階的に取り組むべきものです。社会動向としてはプラスの状況であっても、地域の実情としては弱点を抱えているわけなので、その弱点の克服をじっくりと行いながら、中長期的な視点で取り組んでいくような戦略となります。

4. **[W×T]** 「弱み」(Weakness) と「脅威」(Threat) を掛け合わせて得られた戦略 [W×T] は、基本的には守りに徹するべきか、その分野からの撤退を決断すべき戦略です。

ではあらためて、ある町の「中心商店街の活性化」をテーマにした SWOT 分析の例に基づいて、その課題の解決に向けた戦略を考えてみましょう。

表 3–4 のように、「強み」(Strength)、「弱み」(Weakness)、「機会」(Opportunity)、「脅威」(Threat) のそれぞれを用い、その組み合わせにより戦略 [S×O]、[S×T]、[W×O] を策定します。あらかじめ「強み」、「弱み」、「機会」、「脅威」を多数リストアップしておけば、その分だけ戦略の組み合わせのパターンが増えます。[W×T] は、勝ち目のない戦略であるため、策定する必要はありませんが、こういった類の戦略では他所に太刀打ちできないということを確認する意味で、その例として作成してみるのもよいでしょう。

この段取りで策定された戦略 [S×O]、[S×T]、[W×O] は、雑多で身勝手な思考があらかじめ排除されることにより、まちづくりのプロジェクトを立ち上げる際に、地域を巡る現状を適切に裏付けた戦略となります。一方で、まちづくりの場面においては、突飛なアイディア（得体のしれないキャラクターを考案したり、縁もゆかりもないご当地グルメを考案したりすることなど）が役に立つこともありま

表 3–4 ある町の「中心商店街の活性化」を巡る SWOT 分析に基づく戦略的判断

		社会動向	
		機会 (Opportunity)	脅威 (Threat)
		・写真映えする空間や食べ物が流行している。 ・国が歩道などの公共空間をカフェなどに活用することを推奨し始めた。	・大型店の出店が相次いでおり、客足が移りつつある。 ・人口減少・少子高齢化に歯止めがかからない。 ・公衆衛生上の問題が観光客数の減少をもたらしつつある。
地域の様子	強み (Strength) ・公共交通が充実している。 ・駅前の歩道が広い。 ・歴史的建築物が存在している。	積極的攻勢 [S×O] ・駅前の歩道を活用し、カフェを設置する。 ・歴史的建築物が写真映えするスポットであることをアピールする。	差別化戦略 [S×T] ・公共交通で行ける商店街をアピールし、大型店との差別化を図る。 ・「子どもやお年寄りに優しい町」のシンボルとして歩道の広さをアピールし、定住者を増やす。
	弱み (Weakness) ・商店街が閑散としており、見た目の活気がない。 ・通過交通が多く、商店街に立ち寄ってもらえない。 ・あまりきれいではない水路が流れていて、商店街の歩道が狭い。	段階的施策 [W×O] ・商店街の水路を改修し、写真映えする親水空間としてアピールする。 ・駅前に駐車場を整備し、駅前から歩いても楽しい空間づくりを行う。	専守防衛／撤退 [W×T] (「大型店と同じような見栄えを目指すこと」、「人口減少対策として水路を活用すること」などは勝ち目がない戦略である。)

すが、それはあくまでも「弱み」（Weakness）を補完するという問題意識に裏付けられていなければ、成功は望めません。

第4章

地域資源を取り入れる

生活の質を向上させることも、まちづくりプロジェクトのアプローチの1つです。この際、地域資源の活用が鍵となります。これらの探索や活用について考えてみましょう。

1 　地域資源の特徴

　まちづくりには「地域課題の解決」と「生活の質の向上」の2つのアプローチがあり、第3章ではそのうち、「地域課題の解決」の糸口を探ってきました。本章では、「生活の質の向上」に取り組むためのきっかけとして、地域資源に目を向けます。

　ところで、あなたの暮らす地域では、どのような地域資源があるでしょうか。真っ先に思いつくのは、何でしょうか。山形県内のある大学で、25名の学生を対象に、小学校の学区程度の範囲をイメージしてもらいながら、身近な地域資源を10個ずつ挙げてもらいました。もちろん、なかには回答が10個に満たなかった学生もいましたが、そのときの回答の一例をご覧いただきましょう。

> さくらんぼ、そば、蔵、温泉、…

　学生たちの回答のなかには固有名詞も含まれていましたが、筆者の経験上、日本全国どの町で問いかけても、ご当地を代表する地域の魅力を「地域資源」として回答する方々が多数です。しかし、「生活の質の向上」に活用できる地球資源にはさまざまなものがあります。そこでまず、地域資源が有する性質を理解することから始めてみましょう。

地域資源の6つの性質

　地域資源には、**表4-1**に示した6つの性質があると考えられています。
これを要約すると、次のような感じです。

> 　地域資源は地域ごとにその評価のされかたは異なり、その土地に固有の価値をもち、地域住民らみなが受益者となるものである。また、地域資源には地域に脈々と培われた歴史的な意味合いが込められており、ほかの地域資源との間での相乗効果が生み出され、仮にそれがひとたび損なわれてしまうと再生が困難なものである。

表 4-1　地域資源の性質

①複合評価性	地域資源は、量や質、位置や相対的な配置など、複数の指標によって評価されるものであり、地域ごとにその市場価値も異なる。
②地域固有性	地域資源は、どこでも調達可能ではなく、その空間に固有の価値をもっている。
③社会資本性	地域資源は、多目的な価値を多様な受益者によって利用され、共有されている。私有財や非公開の資源もまた、それらを顕在させる方法や十分な量や質が伴っていれば、地域資源としての価値をもっている。
④制度価値性	地域資源は、地域の歴史性を踏まえ、未来につなぐための主張をもった制度に裏打ちされた価値を備えている。
⑤相互関係性	地域資源は、単独では発揮できない相乗効果としての性質や、資源間において強固にされる価値をもっている。
⑥不可逆性	地域資源は、極めて不可逆的な性質をもち、それが一度失われると、再生は困難である。

法律での地域資源の定義

　我が国の公式的な場において、明確に「地域資源」という言葉が正式に用いられたのはごく最近のことで、2007 年 6 月に施行された「中小企業による地域産業資源を活用した事業活動の促進に関する法律」(通称「中小企業地域資源活用促進法」)が初めてです。この法律でいうところの「地域産業資源」は、本書で扱う地域資源のすべてを網羅したものではありませんが、「地域産業資源」(表 4-2) やそれに含まれる「文化財」(表 4-3) は、地域資源を直感的に理解するうえでわかりやすい例示になっているので、取り上げておきましょう。

表 4-2　「中小企業による地域産業資源を活用した事業活動の促進に関する法律」における「地域産業資源」の定義

第二条（第 1 項は省略）
2　この法律において「地域産業資源」とは、次の各号のいずれかに該当するものをいう。
一　自然的経済的社会的条件からみて一体である地域（以下単に「地域」という。）の特産物として相当程度認識されている農林水産物又は鉱工業品
二　前号に掲げる鉱工業品の生産に係る技術
三　文化財、自然の風景地、温泉その他の地域の観光資源として相当程度認識されているもの

表 4-3 「文化財保護法」における「文化財」の定義

第二条　この法律で「文化財」とは、次に掲げるものをいう。
一　建造物、絵画、彫刻、工芸品、書跡、典籍、古文書その他の有形の文化的
　　所産で我が国にとつて歴史上又は芸術上価値の高いもの（これらのものと
　　一体をなしてその価値を形成している土地その他の物件を含む。）並びに
　　考古資料及びその他の学術上価値の高い歴史資料（以下「有形文化財」と
　　いう。）
二　演劇、音楽、工芸技術その他の無形の文化的所産で我が国にとつて歴史上
　　又は芸術上価値の高いもの（以下「無形文化財」という。）
三　衣食住、生業、信仰、年中行事等に関する風俗慣習、民俗芸能、民俗技術
　　及びこれらに用いられる衣服、器具、家屋その他の物件で我が国民の生活
　　の推移の理解のため欠くことのできないもの（以下「民俗文化財」という。）
四　貝づか、古墳、都城跡、城跡、旧宅その他の遺跡で我が国にとつて歴史上
　　又は学術上価値の高いもの、庭園、橋梁、峡谷、海浜、山岳その他の名勝
　　地で我が国にとつて芸術上又は観賞上価値の高いもの並びに動物（生息地、
　　繁殖地及び渡来地を含む。）、植物（自生地を含む。）及び地質鉱物（特異
　　な自然の現象の生じている土地を含む。）で我が国にとつて学術上価値の
　　高いもの（以下「記念物」という。）
五　地域における人々の生活又は生業及び当該地域の風土により形成された景
　　観地で我が国民の生活又は生業の理解のため欠くことのできないもの（以
　　下「文化的景観」という。）
六　周囲の環境と一体をなして歴史的風致を形成している伝統的な建造物群で
　　価値の高いもの（以下「伝統的建造物群」という。）

　この法律では、農林水産や鉱工業などの製品や技術、観光資源を「地域産業資源」の対象としています。地域産業資源に含まれる「文化財」は、文化財保護法の定義によると、だいぶ広範であることがわかります。

　ところで、「地域産業資源」や「文化財」の定義には、物的な資源に加えて、人的な資源が含まれていることにお気付きでしょうか。人間が培った能力である「技術」、生活のありようである「慣習」などがそれにあたります。先ほどの学生たちの回答した地域資源は、地域の特産物などの物的なものに終始しており、多くの学生は「技術」や「慣習」などを見落としてしまっていることがわかります。

② 地域資源の種類

では、皆さんの身の回りの地域資源をリストアップしてみましょう。

 やってみよう！

- あなたの自宅がある地区（たとえば、最寄りの小学校区の範囲）の地域資源
を 10 個、**表 4-4** にリストアップしてみましょう。そのうえで、地域資源と
して挙げた理由とともに書き出してみましょう。

表 4-4　あなたの身の回りの地域資源

地域資源だと思うもの	地域資源として挙げた理由

　同じ要領で、今度は市町村の範囲、都道府県の範囲で地域資源を書き出してみる
と、その結果がだいぶ異なることがわかると思います。まちづくりプロジェクトに
おいて活用できる地域資源は、そのプロジェクトのスコープ（第 2 章参照）と合
致する範囲のものを扱うのがよいでしょう。

地域資源を見落とさないために

皆さんがリストアップした地域資源には、どのようなものがあったでしょうか。先ほどの学生たちが人的な地域資源を見落としてしまったように、皆さんが見落としている地域資源はないでしょうか。

まちづくりプロジェクトで活用できる地域資源を見落とさないために、その分類を**表4-5**に示しました。

表4-5 まちづくりプロジェクトのための地域資源の定義

	原始的地域資源	成長・発展した地域資源
物的資源	気候、エネルギー 地勢、動植物	公共施設・景勝地 交通網、名物・名産 文化財、副産物
人的資源	（身体的）労働力 （精神的）気質	（身体的）技術・技能 （精神的）ホスピタリティ 市民意識
ソーシャル・キャピタル	共同体	国家・企業 組合、NPO/NGO

この分類では、地域資源を物的なものと人的なものに分けたことに加え、組織や制度がもつ資源的な価値を認め、「ソーシャル・キャピタル」としてひとくくりにしています。「ソーシャル・キャピタル」とは、労働力で換算できるような個々人の力ではなく、人間どうしが組織的に結びつくことにより発揮される新たな力を表す概念です。

また、地域資源が時間的な蓄積や私たちの活動によってその価値を高めることができるという視点から、原始的な地域資源と、これらが成長・発展した地域資源という2つの切り口を与えています。

表4-5の定義のもとになっているのは、我が国が戦前より国策として取り組んできた資源管理の考えかたです。小出博によると、戦前日本の資源概念の特徴は、「①軍事的な色彩が非常に強く、戦争遂行のための物動計画と結びついていたこと、②範囲が天然資源だけにとどまらず、建物、倉庫、道路、電信電話などの施設や制度、組織、歴史なども含んでいること、③人間も、戦争遂行（①との関連）に最も必要なものとして、人的資源と概念していること等の三点に集約される」（小出博『日

本資源読本』より）とされています。この分類は、国家の利益の観点からのとりまとめではあるものの、「組織」や「制度」といった無形のものにも、資源的価値を見いだしていたことが大きな特徴といえます。また戦後においては、政府の資源問題調査会において分類がなされており、1958年には「①国民生産の安定と向上という立場で資源問題をとらえていること、②科学技術、科学研究力という概念が強調されていること、③人的資源に対する理解も、戦前の非人格的な考え方から人格的な考え方をとり入れようとしていること等」（永田恵十郎『地域資源の国民的利用』より）を特徴に挙げています。

地域資源を育むプロジェクト

　ところで、まちづくりプロジェクトの1つのアプローチとして、地域資源を育むことをテーマとすることがありうるでしょう。すなわち、原始的な地域資源を活用し、成長・発展した地域資源に育て上げることを目標とするプロジェクトです。この場合、原始的な地域資源が地域内に存在していることが必須であり、かつ、どのような地域資源に育て上げるか明確な目標を設定することが重要となります。その意味においても、表4-5の区分のなかで、地域資源を分類することの意義は大きいでしょう。なお、まちづくりプロジェクトにおける目標の設定については、あらためて第2章を参照してください。

 地域資源の探しかた

　前節では、まちづくりプロジェクトのための地域資源の定義を示しましたが、私たちはこの分類どおりに地域資源を認知しているかというと、実態はそうではありません。

　私たちはどうやら、**表4-6**のように地域資源を認知しているようです。前節で皆さんには、身の回りの地域資源をリストアップしてもらいましたが、①～⑥の分類をすべて網羅できたでしょうか。たいていの場合、①歴史・文化、②名物・名産、③景観・見どころについては多くの回答が挙がりますが、④地勢・立地環境、⑤ストック・利用価値、⑥技術・知恵・気質に分類される地域資源は見落とされる傾向にあります。皆さんはどうだったでしょうか。

表 4-6　私たちの地域資源の認知のしかた

①歴史・文化	地域で培われた時間的な蓄積
②名物・名産	お土産に代表されるような著名な食べ物や農水産物
③景観・見どころ	訪れることができる場所
④地勢・立地環境	地理的あるいは気象的な特徴
⑤ストック・利用価値	有効活用されていない遊休施設や原材料
⑥技術・知恵・気質	土地柄を象徴する人にまつわる蓄積

　まちづくりプロジェクトにおける地域資源の定義（表 4-5）と、私たちの地域資源の認知のしかた（表 4-6）は、**表 4-7** のような関係にあります。私たちが認知している地域資源は、まちづくりプロジェクトのための地域資源の定義を横断するものであることがわかります。

　では、いま一度、あなたの身の回りの地域資源をリストアップしてみましょう。

表 4-7　地域資源の認知分類

	原始的地域資源	成長・発展した地域資源
物的資源	③景観・見どころ ④地勢・立地環境	①歴史・文化 ②名物・名産
	⑤ストック・利用価値	
人的資源	⑥技術・知恵・気質	
ソーシャル・キャピタル		

もう一度、やってみよう！

- あなたの自宅がある地区（たとえば、最寄りの小学校区の範囲）の地域資源を**表4-8**にリストアップしてみましょう。そのうえで、地域資源として挙げた理由とともに書き出してみましょう。今度は思いつく限り、書き出してみましょう。

表4-8　あなたの身の回りの地域資源

地域資源だと思うもの	地域資源として挙げた理由

　ここまでで皆さんは、地域資源を網羅的にリストアップできるようになりました。では次に、実際のまちづくりプロジェクトを例に、そのプロジェクトにおける地域資源の役割を見ていくことにしましょう。

事例 3

被災地での慰霊空間づくり

　東日本大震災の発生から丸3年経過した2014年春、宮城県名取市閖上地区に慰霊碑を建立する方針が市当局によって固められました。

同地区では、現地での集落再建を望む住民と、より安全な内陸部に移転を望む住民の意見が拮抗するなかで、市当局が現地再建を決断していました。市民の声をどのように拾い上げ、どのような判断を下していくことが幸せにつながるのか、市当局と住民の対立が深まり、誰もが迷いのなかにいました。

そのようななかで、慰霊碑のデザインと施工事業者は公募型プロポーザル（提案書などの審査によって受託者を決める方式）により選定されることになりました。筆者も審査員として携わることになりましたが、その一方で、市民はプロポーザルの要綱策定にも審査にも関わる機会が設けられませんでした。これに加え、慰霊碑の建立地は直前まで震災のがれき置き場となっていた場所で、簡易舗装された空間に慰霊碑を置くという取り付く島のない計画でした。

なんとか市民が関わってつくりあげる慰霊空間としたいと筆者が悩むなか、これに同調した当時15～18歳の仙台高専の学生7名が「明日へ進もう！ここからプロジェクト」を立ち上げ、慰霊空間を花と緑で彩るための準備を始めました。

学生たちは、地元のNPOと連携しながら活動財源を調達し、地元の造園事業者とともに花を育て、8月11日の慰霊碑除幕式に備えました。市当局とも打合せを繰り返すなかで、学生たち自身が信頼を勝ち取り、慰霊碑除幕式の会場レイアウトの設計や運営の一部を任されるまでに至りました。

除幕式の後も、学生たちは多くの市民が関われる場をつくるべく、雨の日も雪の日も花の咲いたプランターの管理を行いました。また、全国から花苗や球根の寄贈を募り、近くの仮設住宅の畑ではチューリップの花苗を育てました。仮設住宅に住まう被災者とともに精魂込めて育てたチューリップの花苗は、震災から4年目の震災慰霊式典の会場を彩りました。

実は、7名の学生には、1人も名取市の出身者はいません。しかし、ある者は実家が震災の津波で被災し、またある者は福島第一原発事故の影響で苦しい思いをしている町の出身であり、それぞれが震災を身近に感じ、またそれぞれが地元住民の感情に同調し、被災した当事者としてプロジェクトを遂行しました。

図4-1 学生たちが花を育てる様子

図4-2 名取市東日本大震災慰霊碑

当時、筆者は市当局と住民の対立に危機感を感じ、「市民参加の場を創出しなければならない」という使命を感じていました。これに呼応した7名の学生が慰霊碑の建立予定地に足を運び、「寂しげな空間を花や緑で彩りたい」と強く感じたことをきっかけに、彼ら／彼女ら自身が主体的に、かつ強い当事者意識をもってプロジェクトに着手しました。

このプロジェクトにまつわる地域資源は実に多様だったので、その一部を**表4-9**に列挙しました。このプロジェクトは、慰霊空間において「③景観・見どころ」が欠如していたことを学生たちが課題として感じるところから始まりました。そこで、学生たちは「寂しげな空間を花や緑で彩りたい」というテーマを設定し、プロジェクトを進めるなかで、多種多様の地域資源を活用しながら、取り組んでいったことが読み取れます。

表4-9 「明日へ進もう！ここからプロジェクト」にまつわる地域資源

地域資源の認知分類	実際に活用した地域資源
①歴史・文化	震災で大きく被災した地域であるとの認知度の高さ（全国からの厚志の得やすさ）
②名物・名産	花卉栽培の盛んな地域性（震災後のため近隣農家の協力は得られず、隣町の花卉農家の協力を得た）、孟宗竹（県内有数のタケノコの産地であることにヒントを得て、県内の農家に竹筒を提供してもらい、チューリップを定植した）
③景観・見どころ	【当初、欠如していた地域資源】 慰霊空間は直前までがれき置き場であり、みすぼらしい景観であったため、このプロジェクトに取り組んだ。
④地勢・立地環境	将来、震災メモリアル公園の一部に位置付けられる慰霊空間
⑤ストック・利用価値	震災復旧工事事務所の敷地の一角（ジョウロなどの機材置き場として活用）、水道（水やり用に市当局が設置）、仮設住宅の畑（チューリップ栽培に活用）
⑥技術・知恵・気質	地元NPO（資金・助言）、仮設住宅の住民（協力的で対話的な気質）

やってみよう！

- 同じ地域に暮らす人たちと一緒に「あなたの身の回りの地域資源」を10個挙げてみましょう。
- 周囲の人たちと、それを「地域資源に挙げた理由」を話し合ってみましょう。
- 「私たちの地域資源の認知のしかた」を確認しながら、ほかに身近な地域資源はないか、話し合ってみましょう。

第4章　参考文献

小出博　編：日本資源読本、東洋経済新報社、pp. 4-8、1958
永田恵十郎 著編、七戸長生 編：地域資源の国民的利用、農山漁村文化協会、p. 81、1988

第5章

企画書をつくる

まちづくりプロジェクトの構想に際しては、企画書を作成します。ここでは、企画書づくりの基本を学びましょう。

1　企画書の役割

　第1章と第2章ではプロジェクトの立ち上げかたについて、また第3章と第4章では「地域課題の解決」や「生活の質の向上」の視点からまちづくりの方向性を定めていく方法について紹介しました。

　本章では、企画書づくりを通して、いよいよまちづくりプロジェクトを具体的な計画として立ち上げていくことを目指しましょう。

企画書はなぜ必要か

　企画書（PMBOK®では「ビジネス文書」とよんでいます）には、プロジェクトを実行する仲間（第6章参照）と、そのプロジェクトのゴールや進めかたを共有するという重要な役割があります。企画書がなければ、あなたが抱いている企画のイメージと他者が考える企画のイメージが異なってしまいます。

　企画書は、他者とのコミュニケーションツールであるため、プロジェクトを始める際に作成するものです。ここまでに述べてきたように、目的や目標の設定、スコープ計画、統合の仕組みづくりを行い（第2章参照）、扱うべき地域課題が明確になり、解決のための戦略が定まり（第3章参照）、その課題の解決に向けて活用する地域資源についても特定できていれば（第4章参照）、企画書の骨格部分を書くことができます。

企画書はどのように構成されるか

　まちづくりプロジェクトの企画書は、7つのブロックで構成されます。それぞれのブロックの役割について、**表5–1**にまとめました。

　①**イントロダクション**は、企画書全体の要約です。②〜⑥までを書き終えてから、数行で、多くとも1ページ程度でまとめましょう。

　②**問題提起**は、皆さんが解決に取り組む地域課題を明確にし、これらを巡る社会的背景を説明する部分です。第3章で紹介したように、その地域課題が「誰に」（to Whom）に影響しているのか、「なぜ」（Why）困っているのかを説明しながら、どのような社会を実現しようとしているのか、ここで宣言することになります。

表 5-1 まちづくりプロジェクトの企画書の構成*

①イントロダクション

企画書の導入部。何に取り組むプロジェクトであるのか、端的に表現する。

②問題提起

まちづくりプロジェクトでは「地域課題の解決」、あるいは「生活の質の向上」に取り組むことになる（第3章）。ここでは、社会的背景（解決すべき地域課題は何か？　向上させたい生活の質は何か？）について背景とともに説明し、地域住民らがこれらに対する取組みにどのような期待感をもっているのかについて明らかにする。

③テーマ設定

そのプロジェクトのテーマ（目的）は何であるか、6W2H（第5章第2節）で説明する。そのテーマの設定の確かさを説明するために、具体的なデータに基づいて現状分析を添える。

④企画案の提示

具体的な企画の中身を示す。目指すゴールに向けて、どのようなプロセスを経て、どのような取組みを行うのか（手段）、明らかにする（第2章第1節）。また、プロジェクトのゴール像（目標）として「品質」(Quality)、「コスト」(Cost)、「納期」(Delivery) についても明記し、スコープを明らかにする（第2章第3節）。

⑤企画案の評価

どんな効果が期待されるか、明らかにする。QCD の達成によって、問題提起で示された地域課題はどのように解決され、あるいはどの程度生活の質が向上するのか、詳しく説明する。

⑥実行計画

プロジェクトのチームやパートナー（第6章第1節）や進捗管理（第7章第1節）を明示する。

⑦付加情報

参考資料として、地区のプロフィール資料（人口の推移、プロジェクトに用いることができる地域資源（第4章）のリストなど）や、過去の同様のプロジェクトの事例を添付する。

　③**テーマ設定**では、プロジェクトのテーマ（目的）を宣言し、どのように取り組んでいくのか、明確にします。わかりやすい企画書とするため、次節では、その書きかたについて詳しく紹介します。

　④**企画案の提示**は、前のブロックで明示した目的に対して、具体的にどのような

＊経営学の専門書によっては、「企画案の提示」の後に「現状分析」というブロックを立て、合計8つの
　ブロックから企画書は成り立つと説明しているものもありますが、「現状分析」は「企画案の提示」に
　内包されるものなので、ここでは7つのブロックとしています。

手段で取り組んでいくのかを表明する部分です。また、目標についてもここで明示します。

⑤**企画案の評価**では、地域課題がどのように解決され、あるいはどの程度生活の質が向上するのかを詳しく説明します。

⑥**実行計画**では、プロジェクトの実施体制やスケジュールについて明示します。これらについては第6章と第7章で紹介します。

企画書を理解するうえで、必要な補足的情報があれば、巻末に⑦**付加情報**を添えます。

本書を最初から読み進めていただいていれば、まちづくりプロジェクトの企画書に必要な7つのブロックの大半を書けることがわかるでしょう。

② 6W2H

企画書の③**テーマ設定**は、第2章の目的の設定に相当します。企画書では、皆さんが取り組むテーマをより詳細に説明できるようになるために、**6W2H**で記述する方法を紹介しておきましょう。

高校や大学の入学試験、あるいは就職試験などを前に、小論文の執筆を練習したことがある方も多いでしょう。その際には、「5W1Hをはっきり書くように」と指導されたはずです。5W1Hとは、次のような、頭文字が「W」で始まる5つの視点と、頭文字が「H」で始まる1つの視点です。5W1Hをすべて記載すれば、伝えたい物事を伝え漏らさない、という考えかたです。

[5W]	誰が（Who）
	いつ（When）
	どこで（Where）
	何を（What）
	なぜ（Why）
[1H]	どのように（How）

一方で、まちづくりプロジェクトの企画書は、次の「6W2H」を明記するようにしましょう。

```
[6W]      誰が（Who）
          いつ（When）
          どこで（Where）
          何を（What）
          誰に／誰と（to Whom／with Whom）
          なぜ（Why）
[2H]      どのように（How）
          いくらで（How much）
```

　第3章で紹介したように、地域課題の解決を行うまちづくりの現場では、地域生活の何かしらの場面で困っている誰かが存在しています。その困っている誰かのために行われるのがまちづくりプロジェクトであるため、その企画書においては、「誰に」（**to Whom**）向けたプロジェクトなのか、あるいは「誰と」（**with Whom**）ともに実行に移すのかを明記することになります。

　また、第2章では、プロジェクトの立上げに際して、目的と目標を明確に設定することを説明しました。「目的」とはいわば、プロジェクトで取り組む「**テーマ（主題・題材）**」です。まちづくりプロジェクトの企画書においては、「**何を**」（**What**）の記載に相当しています。「目標」は、そのプロジェクトにおいて達成する度合いや達成期限などであり、「**品質**」（**Quality**）、「**コスト**」（**Cost**）、「**納期**」（**Delivery**）をあらかじめ明確にしておくことの重要性をすでに説明しました。企画書の③**テーマ設定**においては、「どのように」（**How**）、「いくらで」（**How much**）、「いつ」（**When**）の概略を記載し、さらに④**企画案の提示**でその詳細を明示することで、これらの目標の設定が適切に行われていることを表明することになります。

 ## テーマとミッション

　まちづくりプロジェクトの企画書では、そのプロジェクトのテーマを明記することについて説明しました。そもそも、プロジェクトとは、「独自性」（第1章）のある成果を導き出すことを目的としているので、そのテーマは唯一無二です。

　一方で、そのプロジェクトに取り組む主体である組織は、既存の町内会や地域団

体かもしれませんし、地域のまちづくりに貢献するために活動を継続している
NPO かもしれません。これらの組織には、そもそもの「**ミッション**」（**活動理念・社会的使命**）が存在しているはずです。たとえば、町内会であれば地域の自治がそれにあたります。NPO 法人などの組織であれば、定款に団体の設立目的が明示されています。

　プロジェクトのテーマと組織のミッションは、原則としては近しい内容のはずです。これらが乖離する場合、プロジェクトの遂行に支障が出る可能性については、第 2 章でもすでに説明したところです。もし仮に、「餅は餅屋」であってほしいところを、餅屋以外が餅をつくるのであれば、組織のミッションと異なるテーマに取り組むことの意義を企画書で説明しなければなりません。また、そのプロジェクトの遂行能力についても、「⑥実行計画」のブロックにおいて明記しておく必要が生じます。

 ## 4　わるい企画書とよい企画書

　実際に、企画書を見てみましょう。次の 4 つの企画書は、ある町でまちづくりプロジェクトを応援するための助成金コンペが行われた際の企画書です（実際の企画書をもとに、筆者が加筆修正を行いました）。この 4 つのまちづくりプロジェクトのうち、助成金での支援事業として採択されたのはたった 1 つです。皆さんには、審査員になりきって、4 つの企画書を審査していただきたいと思います。

やってみよう！

- 次ページ以降の4つの企画書を審査しましょう。

  視点 1. 6W2H は適切に表現されていますか？

  とくに、「誰に／誰と」（to Whom／with Whom）は適切に説明されていますか？

  視点 2. これはプロジェクトですか？　ルーチンワークではないですか？

  このプロジェクトのテーマは何ですか？

  この組織のミッションは何ですか？

  プロジェクトのテーマと組織のミッションは合致していますか？

  合致していないとすれば、そのことの意義が説明されていますか？

  また、そのプロジェクトの遂行能力は読み取れますか？

- 採択プロジェクトを1つ選んでみましょう。なぜそのプロジェクトを選んだのか、なぜほかのプロジェクトを選外にしたのか、みんなで話し合ってみましょう。

○○市まちづくり活動企画助成金申込書

■申込者

応募団体名	☆☆商店街振興組合
団体の設立趣旨	昭和 63 年に任意の商店街振興会を振興組合に組織替えしました。この間、行政からの活動資金の支援もあって、商店街コンサートをはじめ、大小のイベントを実施し、☆☆地区のアイデンティティを高めてきました。商店街としての経済活動と自主的なまちづくりが評価されてきました。
主な活動内容	年末売出し商品券による販売促進、フリーマーケット、七夕まつり、市民センターとの連携を心がけている。商店街の組合活動も活発で、今年度は組合の組織を見直して、青年局・女性局・企画局・しあわせ局と改名して、ミニコミ誌の発行、商店街コンサート、七夕まつりと強力に事業を推進します。
会員数	120 人

■応募する活動

活動タイトル	とんとことんとこ☆☆地区
活動の目的	なんで商店街がまちづくりをしなければならないの?売出し、お店、儲かることをやっていればいいのに、商店街がまちづくりをすることに疑問を感じてきた。 とはいいつつ、まちが楽しくなければ商人も楽にはならない、おもしろくない。 理屈はやめよう、やるしかない。
期待される効果・成果	住みやすい、歩いて暮らせる楽しい街。 商店街と地域住民との一体感が深まる。
活動のアピールポイント	キャッチフレーズとして「歩いて暮らせる街」を考えた。

演習問題

活動スケジュール	〜6月	☆☆地区少年野球を支援する、フリーマーケット
	7月	☆☆まちづくり基金をよびかける
	8月	芸能祭
	9月	☆☆小学校の子どもの絵の展示会、ウォークラリー
	10月	☆☆市民センターまつりに参加
	11月	
	12月	商店街まつり、公園清掃納会と落ち葉焚き
	1月	正月遊び
	2月	節分祭
	3月	フリーマーケット

	活動内容	費　目	金　額（円）	内　訳
支出の部	芸能祭	印刷代	30,000	音響、舞台、電気工事
		リース代	400,000	私立高、官公庁バンド、
		出演料	300,000	地元の太鼓など
		小　計	730,000	
	子どもの絵の展示	材料費	50,000	ベニヤ板の掲示板
		謝礼（小学生）	20,000	商品券で配布
		小　計	70,000	
	商店街まつり	ポスター印刷費	10,000	子どもたちにフナを売らせ
		化粧代	10,000	ながら商いを教える
		フナ購入	15,000	
		謝礼	25,000	500円×50人（商品券）
		小　計	60,000	
	公園清掃（月1回）	謝礼	25,000	500円×50人（商品券）
		小　計	25,000	12月の納会で配布
	正月遊び	ポスター印刷代	10,000	カルタ取り、ゲーム、羽根
		指導者謝礼	20,000	つきなどを楽しむ
		小　計	30,000	
	節分祭	ポスター印刷代	10,000	
		謝礼	25,000	500円×50人（商品券）
		小　計	35,000	
	ニコニコ放送局（月1回）	テープ作成謝礼	30,000	3,000円×10回
		小　計	30,000	宣伝カーで放送する
	まちづくり基金への寄付のよびかけ	印刷費	50,000	
		通信費	80,000	
		小　計	130,000	
	合　計		1,110,000	①

	費　目	金　額（円）	内　訳
収入の部	商店街振興組合自己資金	200,000	
	祭典委員会自己資金	300,000	
	商品券売出し会自己資金	110,000	
	合　計	610,000	②

助成申込額（①−②）　　　　　500,000　円

○○市まちづくり活動企画助成金申込書

■申込者

応募団体名	日韓交流の会
団体の設立趣旨	私たちのまち○○市は、国際化のなかでさまざまな活動がなされています。国際化まちづくりを考えるうえで、欧米とともに、アジア・太平洋地域のつながりがいっそう強く求められ、また期待されています。 とくに、隣国である韓国との交流は、これからの日本、○○市において大変重要な意義をもつものと考えています。 今後よりいっそうの「相互理解」が必要なのではないでしょうか。
主な活動内容	本年7月29日より8月3日まで、韓国の青少年19名、大人4名を○○市に招聘。 交流会を通じて青少年の交流を図り、8月2日には◇◇ホールで韓国民族舞踊や○○市の伝統芸能の合同舞踊会を開催します。
会員数	17人

■応募する活動

活動タイトル	日韓青少年交流会 in ○○
活動の目的	青少年を対象に「人づくり」そして「国際理解」を目的として、21世紀を担う子どもたちに「豊かな国際人」として新しい時代を切り開くため、ヒューマンネットワークの拡大を図ります。
期待される効果・成果	異文化を体験することにより、表面的知識だけではなく、相互理解、国際理解が図られ、真に「豊かな国際人」としての育成に役立つものと考えます。
活動のアピールポイント	異国の伝統・文化を舞踊という具体的な表現方法により表面的ではなく目で見て、肌で感じられるよう、また大勢の方に参加していただけるよう企画しました。

演習問題

活動スケジュール	～6月	5月12～14日　事前打合せのため訪韓、交流会準備
	7月	29日より韓国青少年を招聘し、交流会を行います
	8月	2日　◇◇ホールにて合同舞踊会開催　　　下旬　反省会
	9月	報告書作成
	10月	報告書配布、次年度企画会議
	11月	総会開催
	12月	
	1月	
	2月	新年度スタッフ会議
	3月	総会

	活動内容	費　目	金　額（円）	内　訳
支出の部	招聘活動	渡航費 宿泊費 交通費 保険	1,320,000 660,000 180,000 96,300	55,000円 × 24名 5,500円 × 24名 × 5泊 バス、遊覧船代 旅行保険 4,000円 × 24名
		小　計	2,256,300	
	交流会活動	◇◇ホール借上料 交流会 観光・食事代 記念品	700,000 500,000 243,000 51,880	文化交流会 歓迎会、お別れ会 こけし、感謝状など
		小　計	1,494,880	
	運営活動	印刷費 記録費 通信費 雑費 予備費	400,000 380,000 50,000 15,000 3,820	ポスター・プログラム・チケット・報告書 ビデオ・写真 国旗など
		小　計	848,820	
		合　計	4,600,000	①

	費　目	金　額（円）	内　訳
収入の部	自己負担金	2,076,000	渡航費・宿泊費・保険料
	協賛金	1,624,000	旅行会社 ×× など
	交流会参加費	400,000	
	合　計	4,100,000	②

助成申込額（①－②）　　　　　500,000　円

演習問題

○○市まちづくり活動企画助成金申込書

■申込者

応募団体名	里山の学校をつくろう実行委員会
団体の設立趣旨	市民参画型の里山保全のありかたに関する研究を行い、その実現にあたり、グラウンドワーク手法の有効性を検討している。 さらにモデル地域においてグラウンドワークの手法を体験し、その手法の広がりへとはたらきかける。
主な活動内容	上記趣旨の第一歩として、前年度は地域住民が自然共生のありかたを自ら考えるきっかけづくりとして「○○地域の自然発見おもしろガイド」を作成した。また、シンポジウムを開催し、多くの人たちにグラウンドワークという手法を知ってもらうきっかけづくりができた。
会員数	20人

■応募する活動

活動タイトル	地域限定オリジナル「自然発見おもしろガイド」△△地域版の作成
活動の目的	前年度の活動をより具体的にするためのステップである。 △△地域で、里山学校→ワークショップ→ガイドマップ作成の流れのなかで、グラウンドワークの下地をつくる。 《△△地域版「自然発見おもしろガイド」作成の目的》 ① ガイドマップ作成までの一連のプロセスから、学校と学校、地域と学校、外部（自然保護活動家や専門家）など、多様な交流のきっかけをつくる。 ② 多様な人々の視点を織り混ぜることで、△△地域ならではの自然や文化、人などの魅力の発見、再認識を行い、自然との関わりを考え、行動するきっかけをつくる。
期待される効果・成果	① 小学生、親、先生、地域づくり活動家、自然保護活動家などのニーズがかみ合い、ガイドマップ作成後にも、ガイドマップ活用教室を開催したり、△△地域で展開されている△△山学校との連動で、ガイドマップに新情報を加えるなどの継続性が期待できる。 ② 楽しみながら気付くと自然環境や地域に対して興味関心がわいてくるような総合学習の教材にもなりうる。 ③ △△地域振興のPRの材料となりうる。
活動のアピールポイント	① △△地域を皮切りにして（モデル事業として位置付ける）全市に展開できる。 ② 前回の「○○地域の自然発見おもしろガイド」のように、親子が楽しめ、親しみやすいマップづくりをしていく。 ③ ガイドマップ作成ワークショップや活用教室など協働の場をつくることにより、やる気があってもなかなか一人では行動できない人に対して活動するきっかけとなる。

演習問題

活動スケジュール	～6月	実行委員会（月1～2回程度）
	7月	模擬里山学校（△△地域の個人所有の土地と建物を借用）
	8月	里山学校開校（　　　　　　〃　　　　　　）
	9月	↑ ガイドマップ作成ワークショップ
	10月	↓（調査、取材、情報の収集、整理など）
	11月	ガイドマップ印刷
	12月	ガイドマップ発行、配布
	1月	↑ ガイドマップ活用教室の開催（出張授業を小学校や公民館で行う）
	2月	↕ △△振興会主催の△△山学校への参加
	3月	報告書作成

里山学校への参加親子、関係者、その他一般の人によびかけ、マップ内容を説明。内容はゲーム、自然保護活動家の話など、3回を予定。

ガイドマップのバージョンアップ 秋冬の追加情報探し

	活動内容	費　目	金　額（円）	内　訳
支出の部	里山学校開校	実行委員会会議費 里山学校運営費	93,000 678,000	会場費、通信費 宿泊費、食費、会場使用料、保険料、消耗品
		小　計	771,000	
	ガイドマップ作成	会場使用料 講師謝金 通信費 備品購入費 旅費 印刷費	6,000 30,000 20,000 20,000 20,000 300,000	ワークショップなどの会場使用料 郵送費、切手代 図書、資料、文具などの購入 調査・取材費 ガイドマップの印刷代 （3,000部以上）
		小　計	396,000	
	ガイドマップ活用教室	会場使用料 講師謝金 通信費 備品購入費 印刷費	8,000 15,000 20,000 15,000 15,000	活動教室の会場使用料 5,000円×3回 郵送費、切手代 文具、雑貨などの購入 チラシなどの印刷代
		小　計	73,000	
	合　計		1,240,000	①

	費　目	金　額（円）	内　訳
収入の部	助成金	440,000	××財団の助成（受領済）
	参加宿泊費	300,000	6,000円×50人
			（宿泊費・食費・保険料込）
	合　計	740,000	②

助成申込額（①−②）　　　　500,000　円

演習問題

○○市まちづくり活動企画助成金申込書

■申込者

応募団体名	○○のびのびひろばをつくる会
団体の設立趣旨	〈主旨〉 誰かが与えてくれる子育て支援がどうもしっくりこない。それなら自分たちがどうしたいのか、何を求めているのか考え、情報発信しよう。 〈規約〉 ・自分が求めているものを相手に理解できるよう表現する。 ・困っていることは新しいニーズとして前向きにとらえ考える。 ・環境は常に変化するので、現状にあわせた柔軟な発想をする。 ・子どもが大切、自分が大切、無理せず楽しく続ける工夫をする。
主な活動内容	・前年度○○市まちづくり活動企画助成受領 ・子育てフリートークの実施 ・のびのびひろば実現のための調査
会員数	5人

■応募する活動

活動タイトル	のびのびひろば（仮設）を実施して、0～3才児ファミリーと社会のアクセスポイントにしよう
活動の目的	・現代社会では、子どもが生まれたときから親として経済的・精神的に自立するのは困難です。親子ともに地域社会にしっかり根づくための添え木として、どんなサポートが必要か実験するため、のびのびひろば（仮設）を実施し、0～3才児ファミリーが地縁・血縁がなくても社会とコミュニケーションできる機会をつくる。 ・少子化問題の当事者でありながら、情報不足のために発言のチャンスをもてずにいる親の本音を集め、専門家との情報の相互交流の機会をつくり、自立した意識の高い人材を育成するためのトレーニングの場とする。 ・少子化対策・商店街活性化・シティセールス・生涯学習・国際化を0～3才児ファミリーという切り口で組み合わせることによって成果をあげるノウハウをつくり、空き店舗を活用したのびのびひろば（常設）の実現につなげる。
期待される 効果・成果	親が安心してにこにこしていれば、子どもも安心してにこにこします。のびのびひろば（仮設）が0～3才児ファミリーの不安を受け止める場の1つになり、のびのびひろば計画が少子化対策についての発言の機会をもつことによって、親自身が将来への希望をもつことができ、安心して日常の育児に取り組めるようになります。
活動の アピールポイント	必要な情報とサービスを必要なときに受けられることが実証されれば、出産・育児への不安は軽減します。しかし自分たちが何を必要としているのか、どんどん成長する時期の0～3才児の育児ではなかなか親自身も表現できないのが現実です。0～3才児の発達・発育にあった環境、親の個性にあわせた支援を行政と民間の共同作業で実現する方法を提案・実験します。

72

演習問題

活動スケジュール	〜6月	0〜3才児とその家族が自由に集まり、遊んだりフリートークする。親子にとって安心できる場をつくる。
	7月	8日　　　のびのびひろば Part 1（△△地域センター） 日時未定　専門家（NPO）に相談・勉強会
	8月	インターネットホームページ立上げ　　子供のあそびばについての事例研究。一般からも参加してもらう工夫をする。
	9月	9日　　　のびのびひろば Part 2（△△地域センター）
	10月	日時未定　専門家（行政）に相談、商店街に相談、勉強会
	11月	11日　　のびのびひろば Part 3（△△地域センター） 日時未定　商店街との情報交換
	12月	日時未定　専門家に相談（民間）
	1月	13日　　のびのびひろば Part 4（△△地域センター） 日時未定　商店街との情報交換
	2月	のびのびひろば提案書作成
	3月	のびのびひろば実現のための工程表作成

	活動内容	費　目	金　額（円）	内　訳
支出の部	のびのびひろば Part 1〜4 開催	会場費 託児費 消耗品費 物品購入費	8,000 60,000 24,000 60,000	2,000 円 × 4 回 15,000 円 × 4 回 6,000 円 × 4 回 プレイマット 30,000 円 遊具 30,000 円
		小　計	152,000	
	広報・印刷	インターネット使用料 切手代 チラシ兼パンフレット印刷 提案書印刷 広報費	27,000 16,000 100,000 100,000 50,000	3,000 円 × 9 ヶ月 80 円 × 200 枚 A4（両面）10 円 × 10,000 部 A5（20 頁）200 円 × 500 部 チラシ折込料、原稿謝礼
		小　計	293,000	
	勉強会 専門家への相談	講師謝礼 会場費	100,000 10,000	10,000 円 × 10 回 1,000 円 × 10 回
		小　計	110,000	
	合　計		555,000	①

	費　目	金　額（円）	内　訳
収入の部	会費	5,000	年会費 1,000 円 × 5 名
	寄付金	50,000	賛同者からの寄付金（予想）
	合　計	55,000	②
助成申込額（①−②）		500,000　円	

さて、4つの企画書を皆さんはどのように受け止めたでしょうか。

「☆☆商店街振興組合」

「☆☆商店街振興組合」は、商店街の振興に取り組む団体で、組織のミッションは明快です。実際に、これまで多種多様の活動に取り組んできた様子も企画書からも断片的にうかがえます。

活動タイトルは「とんとことんとこ☆☆地区」、これからはテーマが読み取れないので、企画書の中身（6W2H）を読み解こうとしますが、「何」（What）を「いくらで」（How much）までは読み取れるものの、その他の詳細のつかみどころがありません。

加えて、これらの企画はプロジェクトではなく、商店街として定常的に取り組んでいるルーチンワーク（第1章参照）とも読み取れます。

結果として、このプロジェクトは助成金の採択に至りませんでした。

「日韓交流の会」

「日韓交流の会」は、国際交流の団体で、応募してきたプロジェクトのテーマと組織のミッションが合致しているように見えます。

海外からの渡航費に多額のコストが必要で、実行が可能であるのか心配になってしまいますが、企画書を丁寧に読み解くと、実際には渡航費などは自己負担となっており、助成金で賄わなければならないのは6日間の交流会の費用と報告書の作成費用であることがわかります。

多文化共生が期待されるこの時代において、とても優れた企画であると思われますが、先ほどの商店街の事例と同様、これらの交流は繰り返しなされることが期待されるものであり、その観点からもプロジェクトというよりはルーチンワークの性質が強いように思われます。

その観点から、助成金の審査では落選しました。

「里山の学校をつくろう実行委員会」

「里山の学校をつくろう実行委員会」は、市民参加による里山保全の取組みを目的とした、設立から2年目の団体です。プロジェクトの実施のために立ち上げられた組織であることから、テーマとミッションはおのずと合致します。

6W2Hも明確で、さらには第6章で紹介する「仲間」の獲得もうまくいってい

ます。

　このことから、このプロジェクトは助成金の採択に至りました。

「○○のびのびひろばをつくる会」

　「○○のびのびひろばをつくる会」はどうでしょうか。先ほどの里山の取組みと同様、プロジェクトの実施のために立ち上げられて2年目を迎えた団体で、テーマとミッションは合致しています。

　小さな子どもの子育て世帯と社会の接点を構築するというテーマは、社会的に大きな意義があり、それだけでも高い評価を得られます。一方で、「地域センター」では具体的に何をするのか、それによってこのプロジェクトではどのような成果が得られるのかが明記されていません。

　その結果、落選となったプロジェクトです。

5 ステークホルダー・マネジメント

　本章の冒頭で、企画書の役割は、プロジェクトを実行する仲間と、そのプロジェクトのゴールや進め方を共有するという重要な役割があることを説明しました。では、ステークホルダー（利害関係者）との利害の調整に企画書を用いることができるでしょうか。

　答えは、否、です。

　企画書が果たす役割は、プロジェクトの仲間（第6章参照）との方向性の共有に限られ、ステークホルダーとの合意形成には用いることはできません。それは、ステークホルダーが欲している情報や利害調整の方向性がそれぞれ異なるからです。

ステークホルダーとの調整を行う

　ここでは、「ステークホルダー・マネジメント」について紹介します。ステークホルダー・マネジメントとは、プロジェクトの実施に影響を与える可能性のあるステークホルダー、影響を受ける可能性のあるステークホルダー、影響を受けるかもしれないと思っているステークホルダーを明らかにし、具体的な対応を行っていくプロセスのことをいいます。

第2章では、プロジェクトが頓挫する内部的な要因を4つ紹介しましたが、外部的な要因には、

①社会情勢の変化

②ステークホルダーとの合意形成（意思統一）の不達成

の2つがあります。社会情勢の変化とは、災害の発生、プロジェクトの出資元の経営破綻など、私たちがどんなに注意を払っても不可避な出来事を指します。こういった事態に直面することを除けば、ステークホルダーとの合意形成（意思統一）が図れてさえいれば、プロジェクトは外部的な要因によって頓挫するリスクがなくなります。

表5-2の例を見てください。某市がある商店街を通る市道の拡幅を実施する場合の、ステークホルダーとその利害の内容です。

表5-2　某市がある商店街を通る市道の拡幅を実施する場合のステークホルダー

ステークホルダー	利害の内容
地権者、商店経営者	道路拡幅により、土地面積の減少、移転、休業を迫られる。
商店の顧客	便利だった近所の商店が利用できなくなる。
周辺住民	工場による渋滞や騒音などの不便を被る。
電力会社	電柱の移設の必要が生じる。

この事例では、プロジェクトを実施する某市が、ステークホルダーに対して事前に工事に伴う影響に関する情報を提供したり、あらかじめ利害を調整したりすることによって、滞りなくプロジェクトを実施できるようになります。

ステークホルダー・マネジメントには、**表5-3**に示した4段階があります。

(1)　ステークホルダーを特定する

「ステークホルダーの特定」により、誰がそのプロジェクトを支持し、誰が中立的な立場であり、誰が抵抗感をもっており、また誰がプロジェクトについて認識できていないかを明らかにします。否定的な姿勢のステークホルダーがいれば、それは何が原因なのかを明らかにし、肯定的な姿勢に変えるためには何ができるのかを検討することになります。また別のステークホルダーとの間では、プロジェクトへの妨害の可能性を引き下げるための取組みが必要かもしれませんし、さらなる支援

表 5-3 ステークホルダー・マネジメント＊

①ステークホルダーの特定
そのプロジェクトにおけるすべてのステークホルダーの関心事、期待、影響のレベルを分析し、ステークホルダーが関与する程度や時期を判断し、これらを情報としてとりまとめる。

②コミュニケーションの計画
特定されたステークホルダーの関心事などに基づき、ステークホルダーと効果的に対話するための実践的な計画を策定する。具体的には、ステークホルダーに伝達すべき情報、情報を配布する理由、時期、頻度を個別に決定し、また情報を伝達する際の責任者を明確にする。

③コミュニケーションの実行
計画に基づき、ステークホルダーとコミュニケーションを図り、ステークホルダーからのプロジェクトの継続的な支持を獲得し、相互に確認し合う。

④関係の監視
先に計画し、実行したコミュニケーションがステークホルダーとの関係をうまく持続できるものになっているか監視し、計画や実行の戦略を改定する。 ステークホルダーとの「話し合い」や「交渉」は、この繰り返しの作業に位置付けられる。

を獲得するための情報提供を行わなければならないかもしれません。

(2) コミュニケーションを計画する

　「コミュニケーションの計画」は、それぞれ個別の関心事をもっているステークホルダーとどのように接するかを明らかにしていく作業です。ステークホルダーに対しては、プロジェクトの企画書を手渡すだけのようなぞんざいな扱いをするのではなく、それぞれの関心事に寄り添った適切な情報を提供し、あるいは期待を満たせるだけの条件を整える必要があります。

(3) コミュニケーションを実行し、(4) 関係を監視する

　以上の準備ができて始めて、ステークホルダーとの「コミュニケーションの実行」段階に突入します。また、その後、ステークホルダーから継続的な支持を獲得できるよう、プロジェクトの諸条件が変更されるたびに、コミュニケーションの計画や

＊ PMBOK®では、①ステークホルダーの特定、②ステークホルダー・エンゲージメントの計画、③ステークホルダー・エンゲージメントのマネジメント、④ステークホルダー・エンゲージメントの監視、という表現が用いられています。

実行の戦略を改定し続ける「関係の監視」へと移行します。

効果的な話し合いや交渉のために

　これまではまちづくりプロジェクトの知識体系が整っていなかったため、「交渉術」のようなものが過度に信奉されてきました。「腹を割って話す」ことや「顔を突き合わせる」ことは、一見すると誠実そうに思えます。しかし、いきなりステークホルダーと対峙するのは、場当たり的な支持は獲得できたとしても、ほかのステークホルダーとの調整において矛盾が生じることも多く、あまり望ましい方法ではありません。効果的な話し合いや交渉は、ステークホルダーの特定や、適切なコミュニケーションの計画、実行の繰り返しのうえにしか成り立たないものであると考えたほうがよいでしょう。

　1つの例を見てみましょう。

事例 ④

自治体による県外避難所の閉鎖

　東京電力福島第1原発の事故などで住民の多数が避難している福島県M市は12日、市外、県外に身を寄せている住民に対し、「帰還計画」と題した文書を発送した。　　　　　　　　　　　　　　　　　　　　　（山形新聞 2011年7月13日）

　東日本大震災とそれに伴う原発事故から4ヶ月が経過するなか、避難者が生活再建に取り組むことを推奨する観点から、福島県内の市町村としては県外に設けられている"上げ膳据え膳"状態の避難所を閉鎖し、仮設住宅や借上げアパートなどへの入居を進めたいとの思惑がありました。実際に避難所になっている施設には公共施設が多く、学校や文化施設などにおいては通常の使用に支障が出ていました。さらには、県外への避難者が多いことが、市町村の避難者支援業務の作業負荷を大きくしており、通常業務の

停滞を招いていました。避難者が元の地域に戻り、地域の自治や経済活動に従事することが復興の手始めとして期待されますが、避難先で就学・就業する避難者が増えているため、市町村としては人口流出への危機感が増していました。

　そのようななか、140名が避難中の県外のY市で説明会が行われました。避難者からは、「会社が警戒区域内で仕事ができない。戻ったら市が補償するのか」、「住まいが見つかっていない」、「また避難することになったら受け入れ先はあるのか」などの声が挙がりました。

地方自治体は、公共事業を手掛ける際に、自らの計画を住民に対して開示し、説明する機会として「説明会」を催すことがあります。それ自体は、事後的ではあるものの、住民の意見を取り込む余地を残している観点で、きわめて重要なプロセスであるといえます。

　しかし、これがステークホルダーに対しての説明の機会となると、話は別です。上記の事例では、災害から間もない時期において、市町村の担当者が避難生活を送っている県外の避難所に出向き、多様な不安を抱えた被災者に故郷への帰還を求めました。その多様な不安の１つ１つがどのようなものであるのか、事前に明らかにすること、すなわち「ステークホルダーの特定」のプロセスが本来は不可欠であったはずです。そして、その多様な不安に対しての回答を可能な限り準備する「コミュニケーションの計画」を経て、各部門の権限をもった者が「コミュニケーションの実行」として説明会を開催し、丁寧な説明を行う必要がありました。しかしながら残念なことに、上記の事例では、避難所運営の担当者が説明の担当者となってしまい、ステークホルダーである避難者の関心事である就業や住まいなどについて、十分な説明ができなかったそうです。その結果、避難者は故郷の市町村に対して不信感を抱く結果となってしまいました。

　ステークホルダー・マネジメントは、ステークホルダーとの良好な関係を持続させるための重要なプロセスであり、これらを省くと、プロジェクトのスタートでつまずいてしまうのです。

第6章

仲間を集める

この章では、プロジェクトの実施に不可欠な
仲間集めや資金集めに加え、広報のしかたに
ついても紹介します。

① 仲間とは誰か

第5章では、まちづくりプロジェクトの企画書づくりを紹介するなかで、企画書にはプロジェクトを実行する「仲間」と、プロジェクトのゴールや進めかたを共有するという重要な役割があることを紹介しました。

では、「仲間」とは誰を指すのでしょうか。

「チーム」と「パートナー」

繰り返し説明してきたとおり、プロジェクトに取り組む主体には、そもそもの「**ミッション**」（**活動理念・社会的使命**）が存在しています。そしてそのプロジェクトには、必ず「**テーマ**」（**主題・題材**）があります。

この組織のミッションやプロジェクトのテーマを共有している人たちを、「**チーム**」とよぶことにしましょう。一方で、プロジェクトのテーマへの共感を得られる人たちで、チーム外の人たちのことをここでは「**パートナー**」とよぶことにします。立場や役割は違えど、プロジェクトにおいてはチームとパートナーのいずれも、プロジェクト上の仲間です。チームとパートナーの関係を**図6-1**に表しました。

組織外の人々とはいえ、パートナーの役割は多様であり、プロジェクトの成功の鍵を握っている場合も多いです。図6-1には、パートナーの役割の例を示しました。

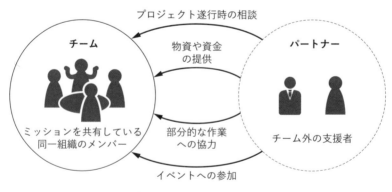

図6-1 チームとパートナー

プロジェクトの各段階での仲間集め

　では、仲間集めの方法を考えましょう。プロジェクトの進み具合に応じて、その段階で必要となる仲間は異なりますので、段階別に見ていきましょう。

詳細が定まっていない段階：狭い範囲での仲間集め

　プロジェクトの詳細が定まっていないようなプロジェクトの初期段階においては、中核を担うチームのメンバーや有力な相談相手としてのパートナーが必要になります。この際、インターネットなどを使って広く仲間を募ることができるかというと、そうではありません。なぜならば、ステークホルダーとの利害調整が始まらないような段階であり、その内容を広く開示すべき段階にはないからです。この段階の仲間集めは、個別に進めることがよいでしょう。地域のNPOセンターなどの中間支援組織に相談してみることも1つの方法です。

準備がある程度進んだ段階：広い範囲での仲間集め

　すでにプロジェクトの企画書が完成している、あるいはプロジェクトの内容をステークホルダーにもすべて開示できるような状態に至っている場合は、広く仲間集めを行えばよいでしょう。それぞれの組織特有のネットワーク（第9章参照）を生かしたり、地域のNPOセンターなどが発行する広報紙、SNSなどを活用したりすることもよいでしょう。

　物資や資金の提供者を募る方法は、実に多様になってきました。参加費収入や物品の売上による収入を見込む方法、プロジェクトの実行組織として物品や資金の寄付を募る方法など、さまざまです。NPO向けには、プロジェクトへの助成金の仕組みや、中古パソコンなどの物品の寄贈の仕組みも充実しています。インターネット上でプロジェクトに対する寄付金を募り、その対価として御礼を提供する「クラウドファンディング」も一般的になっています。

　物資や資金の提供を受けようとするならば、プロジェクトの内容をパートナーに理解してもらい、賛同してもらうことが必要となります。第5章で学んだ企画書は、資金繰りにおいても仲間集めのための不可欠なツールであるといえます。資金計画の立案については、次節でも詳しく触れることにします。

　また、プロジェクト中に発生する部分的な作業について、協力してもらう仲間を募るのもよいかもしれません。たとえば、チラシ配りのような単純作業の協力者や、

記録写真を撮影する腕のあるカメラマンなど、さまざまな立場が考えられます。

プロジェクトの実行段階：参加者の募集

すでにプロジェクトが実行段階に突入していて、イベントなどへの参加者を募る場合には、チラシを配布する方法、SNSで広報する方法など、さまざまな方法が考えられます。広報については、方法も多様であれば、意義も多様であるため、第3節で掘り下げてみましょう。

資金計画の立案

プロジェクトの財源には、チームの自己資金によるものや、パートナーの提供によるものがあります。つまり、強固な仲間づくりは、プロジェクトの限られた資源をどこまで大きくできるかということと、密接に関係しています。

そこで、第5章で紹介した4つの企画書の演習問題について、おさらいしておきましょう。

「☆☆商店街振興組合」や「日韓交流の会」が提案した活動の企画書は、ルーチンワークの性質が強く、プロジェクトの企画書としては十分ではないことを指摘しました。これは、資金計画においても同様であり、ルーチンワークの費用、すなわち組織の通常業務におけるランニングコストは計上する項目としてふさわしくありません。また、これらの企画では、高額な「出演料」や「記念品」の費用が計上されていましたが、そのプロジェクトのテーマの実現において必要かどうかわからない費用も、計上することにはなじみません。よい企画書においては、テーマに見合った資金が投入され、それに見合うだけの成果が期待されているのです。

必要な資金の合計は、何にいくら使うか、あらかじめ算定し、支出と収入のそれぞれを「**予算書**」にまとめます。重要なのは、「あらかじめ」算定することであり、決してプロジェクトを進めながら財布と相談するものではありません。

支出

まずは、支出について考えてみましょう。「○○のびのびひろばをつくる会」の企画書では、プロジェクトの実行に必要な物品の個数、活動の回数などをもとに、

必要な支出の算出が行われています。このように、具体的な算出を行うと、チームのメンバーやパートナーにとってわかりやすい予算書になります。市販の物品を調達するのであれば、その販売価格を計上すればよいのですが、なかにはいくら掛かるかわからない無形の支出もあるでしょう。そのような場合は、支出相手に対して見積りの依頼を行うことで、算出根拠が得られます。このようにして、すべての支出をあらかじめ細かく算出します。

収入

次に、収入について考えてみましょう。第5章の企画書からも読み取れるように、活動の財源には主に**表6-1**のようなものがあります。

表6-1 まちづくりプロジェクトの財源

チームによるもの	・自己資金（組織による支出）
パートナーによるもの	・自己負担金（プロジェクトの受益者（参加者など）が負担すべき費用・参加費・会費） ※サービスの提供に許認可が必要であるなど法定上の制約を受ける場合や、反復性のあるサービスの提供である場合は、売上として計上する。 ・寄付金や協賛金（プロジェクトの賛同者が提供した資金で、広告の掲載や返戻品の提供などの対価を伴うクラウドファンディングもある） ・助成金 ・金融機関などによる融資
その他	・売上（サービスの提供による収入）

収入が特定の財源に偏ることは望ましくありません。なぜならば、思うように寄付金が集まらないケース、参加者が集まらずに思うように参加費収入が得られないケースなど、収入の財源に偏りがあると、コストリスク（資源超過の危険、第2章参照）を招いてしまうからです。とくに、寄付金や売上など、プロジェクトの中途で調達しようとする資金が過大である場合、資金繰りが困難になることもあるので、注意が必要です。

助成金の活用

　助成金は、活動財源の1つになりえます。ただし、誤解をしてはいけません。どんな活動にも闇雲に資金を提供する助成制度はありません。すべての助成制度は、資金提供の目的があり、その目的に見合うプロジェクトを応援してくれるものです。この意味において、助成制度の運営者は、まさにパートナーです。第5章で紹介した企画書も、ある町が主催する助成制度における審査に活用されるものでした。第5章では触れませんでしたが、応募団体は助成金の獲得に向け、パートナーたる主催者に対しての説明の機会として、公開審査会でのプレゼンテーションも行いました。

　ところで、初めてプロジェクトを行う場合は、助成金の情報をどのように集めればよいか、悩むはずです。そんな場合は、地域のNPOセンターや社会福祉協議会など、いくつかの窓口を訪ね、相談してみるとよいでしょう。常にさまざまなタイプの助成金の情報がとりまとめられています。また、毎年のように助成制度を運営している財団などが全国に存在しています。支援対象となるテーマについては、助成制度の募集要項に明記されているので、募集要項を取り寄せ、皆さんのプロジェクトに合致した助成金に応募してみるのもよいでしょう。

　ハード整備を伴う大きな規模のまちづくりプロジェクトに取り組む場合には、日本政策金融公庫や民間都市開発推進機構などの融資を受けながら、プロジェクトを行うこともあります。

　助成金や融資を受けながらまちづくりプロジェクトを進める場合は、まちづくりの専門家に助言を求めながらプロジェクトを立ち上げることも1つの方法です。市町村によっては、まちづくり専門家派遣制度により専門家を派遣していますので、ぜひ活用してください。

---

③　広報の意義と方法

　さて、今度は仲間集めにおける広報について、考えていくことにしましょう。とくに、資金やアイディアを募ったり、プロジェクトの参加者を募ったりする場面において、効果的な広報が必要になります。

　繰り返しになりますが、闇雲に企画書をばらまいても、それは広報にはなりませ

ん。加えて、ステークホルダーに対してのメッセージ発信の手続きとしては間違っています（詳しくは第5章のステークホルダー・マネジメントを確認してください）。そこで、ここでは仲間集めに限った広報について見ていくことにしましょう。

メディアを適切に使い分ける

広報の基本は、誰に何を伝えたいか、にあります。そして、その目的に応じて、伝える手段、すなわち「メディア」は使い分けなければなりません。

では、皆さんが普段目にしているメディアには、どのようなものがあるのでしょうか。考えてみましょう。

 やってみよう！

- 皆さんが普段目にしているメディアを書き出してみましょう。
  視点 1. そのメディアはどのくらいの頻度で目にしますか？　毎日目にしないものでも、皆さんの身の回りにあるメディアについては忘れずにリストアップしてみましょう。
  視点 2. それぞれのメディアでは、伝えている内容も異なるはずです。そのメディアでは、どのような内容を扱っていますか？

たとえば寄付金を募るのであれば、寄付に頼らざるをえない事情について伝える必要があるでしょうし、これまでの準備の経過や途中の成果についても伝えなければ、共感を得ることはできないでしょう。誰に何を伝えたいかによって、伝える内容も手段も異なってくるのです。

もちろん、企画書（第5章参照）を作成し、これを用いて広報をすることも場面によってはありうると思いますが、より端的にわかりやすく伝えようとすると、企画書以外のメディアを用いることが有効な場合が多いと思われます。

広報の際に、どのメディアを使うかは、そのメディアの特徴を知っておくことから始まります。**表6-2** に、それぞれのメディアごとの特徴を挙げました。

表 6–2 広報に用いるメディアの特徴

分類	メディア	特徴	用途別の向き・不向き		
			メンバーや相談相手の募集	資金や物品の調達	参加者の募集
紙メディア	新聞	新聞は、多くの人たちの目に触れる可能性があるが、新聞をあまり読まない読者層（子どもや単身世帯など）もいることを踏まえて活用することが必要である。活動の新規性や話題性が豊富でない限りは、プロジェクトの実施前に記事化してもらうことはきわめて難しいが、信頼度が高いメディアであるため、掲載された場合の効果は絶大である。	◎	◎	◎
	折込みチラシ	チラシは、プロジェクトの実行組織が自ら発行し、関心のある人たちを「数打ちゃあたる」方式で見つけるメディアである。一般に反応率（メディアを目にして行動に移す割合）は非常に低く、まちづくりプロジェクトのチラシは 0.1％（1,000 枚配って 1 人が反応）程度であるといわれており、路上や店頭での不特定多数の人たちへの配布の効果は低い。配布コストを減らす方法としては、その内容に興味のありそうな人たちがいるところに出向き、配布することが一番である。	×	×	△
	ポスティングチラシ		×	×	△
	配布チラシ		△	△	△
	置きチラシ		○	○	○
	雑誌	雑誌は、新聞同様、読者が購入して読むメディアであり、しかも特定の分野に興味のある読者が手にするメディアであるため、反応率は非常に高い。しかし、雑誌の記事の掲載には広告料が必要である場合が多い。	◎	△	◎
	フリーペーパー	フリーペーパーは無償で入手できる読み物である。広告収入で成り立っているものもあれば、共通の興味関心をもつ人たちが自己表現や情報発信の場として制作しているものもある。チラシに比べるとやや高い反応率を期待できるので、内容に興味をもってくれる人たちがいるところで配布したい。	○	○	○
	掲示板ポスター壁新聞	町内会などが設置している屋外の掲示板、生涯学習施設などの屋内の掲示板など、設置場所によってそれを目にする人たちがだいぶ異なる。ほかの紙メディアとの違いは、情報が手元に残らないことである。情報に関心をもった人はスマートフォンで写真に残してくれることもあるが、後から関心をもった場合、あらためてその情報を調べる方法を担保してあげること（たとえばインターネット上にも同じ情報を掲載するなど）が望ましい。	○	△	○

表 6-2 広報に用いるメディアの特徴（続き）

分類	メディア	特徴	用途別の向き・不向き		
			メンバーや相談相手の募集	資金や物品の調達	参加者の募集
紙メディア	回覧板	町内会などによる回覧板は、定期的なメディアであり、地域の情報を発信するうえで最も活用されている。しかし、回覧板を目にするのは町内会などに入会している世帯に限られ、かつ世帯内でも回覧板を読まない家族もいるため、実際の到達率（そのメディアを目にする人の割合）は 1％（100 人に 1 人）程度であるといわれている。一方で、発行主体が信頼できることから、チラシよりは反応率はよくなる。ただし、手元に残らないメディアであることには注意したい。	△	×	△
	プレスリリース	マスコミ向けの発表資料であり、とくにプロジェクトについて事前や事後の取材をお願いしたい場合に発行する。	（新聞やテレビなどの取材につながる）		
放送メディア	テレビ	ニュース番組の地方版や情報番組では、まちづくりプロジェクトが取り上げられやすい。担当記者との協力関係が築けると、プロジェクトの立上げから終了までの間、密着取材をしてもらえる場合もあり、これが実現するとプロジェクトの記録資料としても活用できるので、プロジェクト立上げ時にはプレスリリースを配信しておきたい。一方で、手元に残らないメディアであるため、ほかの情報発信手段と併用したい。また、若年層のテレビ離れは顕著であり、60 代に比べると 10 代のテレビ視聴時間は 1/3 程度にすぎないことに注意が必要である（『平成 30 年版情報通信白書』より）。	◎	◎	◎
	ラジオ	地域の情報番組に加え、全国放送でも地域での特色的な取組みを紹介してもらえることが多い。コミュニティFM 放送など地域密着のラジオ局も多い。東日本大震災以降、災害時のラジオの役割が再評価されたが、ラジオの聴衆者数は減少する一方であり（『平成 30 年版情報通信白書』より）、また聞き流される可能性があるメディアであることは気を付けておきたい。	○	△	○
電子メディア	インターネット放送	インターネット放送には、映像配信と音声配信があり、近年は、個人による配信も人気である。映像による情報発信は、受け手にとってはプロジェクトの内容を理解しやすくなり、またプロジェクトの実行主体の顔が見えるため、信頼を獲得しやすくなる。一方で、到達率は低く、必要な情報がどこにあるか探し出すことには向いていない。	○	○	○
	メール	かつてメールは、情報発信の手段として活用されていたが、個人情報の保護の観点から他者のメールアドレスを入手することが難しくなったため、不特定多数への情報発信にはなじまない。特定電子メール法では、広告宣伝を目的としたメール配信は、あらかじめ送信の同意を得る必要があることにも注意したい（オプトイン規制）。	×	×	×

表6-2 広報に用いるメディアの特徴（続き）

分類	メディア	特徴	用途別の向き・不向き		
			メンバーや相談相手の募集	資金や物品の調達	参加者の募集
電子メディア	ウェブサイト ブログ SNS	ウェブサイト（いわゆるホームページ）は、情報発信者が一方的に情報を掲載するものであり、不特定多数に情報が届くわけではないため、それ単独で用いることには向かないメディアである。ブログは情報発信者と受け手がコミュニケーションをとるのに向いており、SNSはさらにリアルタイムでのコミュニケーションを可能にする工夫がなされている。SNSのタグは、共通の関心テーマを結びつける仕掛けになっており、うまく活用したい。	△	△	△
その他	口コミ	口コミは、ほかのメディアとは異なり、情報の受け手側による情報の伝播である。したがって、口コミの内容には情報の受け手側の評価が含まれており、よい情報と悪い情報の両方が伝播することがある。また、伝言ゲーム方式で伝わるので、正確性を欠くこともあるが、口コミで情報を得ている人たちはその内容以上に情報源に大きな信頼をもっているため、記憶に残りやすいメディアであると考えられている。	○	△	○

メディアごとの特徴は理解できたでしょうか。

 やってみよう！

- メディアを活用して、まちづくりプロジェクトの情報を発信したい。こんなときはどうすればよいでしょうか？
  視点1. 情報が受け流されないためには、どんなメディアを使えばよいでしょうか？
  視点2. 狙いどおりのターゲットに情報を届けるためには、どうすればよいでしょうか？
  視点3. 誤った情報が伝わらないためには、どうすればよいでしょうか？

紙メディアの例

最後に、紙メディアの例を2つ、紹介しましょう。

プレスリリース

　1つめは、プレスリリースの例です。このプレスリリースは、熊本地震後に設けられた仮設住宅団地の集会所の管理運営状況に関する調査報告会の開催を案内するものです。このプレスリリースでは、なぜこのプロジェクトを取材してもらいたいのかが明記されています。この結果、複数のテレビ局がニュースとして取り上げ、新聞でも紹介されるに至っています。

　表6-2にも示したとおり、テレビや新聞で取り上げられると、仲間集めにおいても絶大な効果を得られやすくなります。このため、プレスリリースでは、最終的にテレビや新聞で取り上げられた場合に、何を伝えてほしいのかについても明記してあります。当然、その後の担当記者とのやり取りのなかで、あらためて伝えたいことを明確にするとよいでしょう。

折込みチラシ

　2つめは、新聞への折込みチラシの例です。このチラシは、表向きには、平成28年台風第10号の被災地である岩手県岩泉町において、拡張現実（AR）技術を用いて被災前の町の姿を鑑賞するまち歩き（**図6-2**）への参加者募集の告知をしているものです。参加者として誰を募集しているのか、何を行う企画なのかなどが明記され、応募方法も記されています。

　実は、このチラシにはもう1つの狙いがあります。それは、集落一帯に事前にプロジェクトの開催の案内を行っておき、当日になって大人数の参加者が突然やってくることへの不安感を和らげるためのものです。この集落の住民にとって、このプロジェクトの実施により何らかの利害が生じるのだとすれば、ステークホルダー・マネジメント（第5章参照）の手順によったコミュニケーションを行うべきですが、このプロジェクトの場合は近隣住民との利害は生じない内容でした。そこで、参加者案内のチラシをもって、集落一帯に対して不安軽減を意図した広報を行うことにしました。モノクロ印刷ではありますが、意図的に目立つデザインを用いていたこともあり、開催当日には住民の方々から「チラシを見たよ」と声を掛けていただける場面もあり、一様に不安を取り除く効果が得られました。

　なお、このプロジェクトで折込みチラシを活用したのは、事前に新聞の購読率が高い集落であることが確認できていたためです。

　チラシやフリーペーパーなどの紙メディアでは、企画書の「③テーマ設定」ブロックにも盛り込んだ6W2Hを明記しましょう（第5章参照）。さらに、チラシにはわ

報 道 各 位
発表先：熊本県政記者クラブ

特定非営利活動法人コミュニティ　代表理事
国立高専機構仙台高等専門学校　准教授
小地沢　将之

「熊本地震応急仮設住宅団地の集会施設の管理運営に関する調査報告会」
開催について（プレスリリース）

　平素より当法人ならびに本校の被災地支援活動においては格別のご理解とご協力を賜り誠にありがとうございます。

　当法人ならびに本校では熊本県土木部建築住宅局建築課の協力のもと、本年３月に「熊本地震応急仮設住宅における集会施設の活用状況調査」ならびに「熊本地震小規模仮設団地における集会活動の実態調査」を実施いたしました。本調査より把握できた応急仮設住宅団地における集会施設の管理運営の実態や活用状況、集会施設のない団地においては集会活動の実態について、いささか簡単ではありますが、調査報告会を開催することになりましたので、下記の通りお知らせいたします。

記

　　１．名称　　　　熊本地震応急仮設住宅団地の集会施設の管理運営に関する調査報告会
　　２．内容　　　　平成２９年６月２０日（火）１０時〜１１時
　　３．会場　　　　熊本市国際交流会館　５階 大広間Ａ（熊本市中央区花畑町４番１８号）
　　４．内容　　　　応急仮設住宅団地集会施設の活用状況調査の報告（約１５分）
　　　　　　　　　　小規模仮設団地における集会活動の実態調査の報告（約１５分）
　　　　　　　　　　質疑応答・意見交換（約３０分）
　　５．定員　　　　４５名
　　６．参加費　　　無料（要事前申込み）
　　７．主催　　　　特定非営利活動法人コミュニティ（宮城県仙台市）
　　８．協力　　　　特定非営利活動法人 ████████████████
　　９．調査結果　　別紙１および別紙２の通り
　１０．取材および報道のお願い
　　　　　　　　　・市町村関係課ならびに被災者支援活動団体向けの調査報告会となります。近日
　　　　　　　　　　中には本調査結果ならびに東日本大震災での経験にもとづいた『集会施設のつ
　　　　　　　　　　かいこなしかたハンドブック（仮称）』を発行し、応急仮設住宅団地入居者の
　　　　　　　　　　皆様に配布する予定となっております。今後の支援の展望を構想するための重
　　　　　　　　　　要な調査報告会となりますので、多くの県民の皆様に調査結果などを周知した
　　　　　　　　　　く、取材の上、報道くださいますようよろしくお願い申し上げます。
　　　　　　　　　・ご取材いただけます場合は、事前に下記までご一報いただけますと幸いです。
　１１．取材に関するお問合せ先
　　　　　　メール：████████@minna.work（NPO法人コミュニティ）
　　　　　　電話　：022-████████（仙台高専小地沢研究室）
　　　　　　　　　　080-████████（調査事務局／小地沢直通）

以上

携帯ゲームでおなじみの拡張現実技術

AR（エーアール）技術を体験しよう！

~ふるさとの昔の写真の復活だ~　岩泉町小川編

2017年 9月10日（日）・24日（日）

岩手県岩泉町小川地区（小川中学校付近）で開催
小・中・高校生の参加募集！（ご家族連れでの参加もOK）

岩泉町内の皆さん向けにお申し込み期限を延長しました。

9月3日（日）までにお申込みください！

詳しくはウラ面をご覧ください。

参加無料ですが、事前のお申込みが必要です。
タブレット端末は無料で貸し出します。

〈お申込みに際しての注意事項〉
◎雨天決行ですが、精密機器（タブレット端末）を扱う企画ですので、悪天候の場合は内容を変更して実施します。ただし、大雨警報など気象警報が発令されている場合はやむなく中止する場合があります。
◎通信設備の不具合など、機器トラブルにより内容を変更して実施する場合があります。
◎どちらか一方の日程のみのご参加でもかまいませんが、両日にご参加いただける方を優先的に受け付けます。
◎主催者の負担でボランティア行事保険に加入します。
◎無償でタブレット端末を貸し出します。貸出しは小中高校生1人（親子1組）につき1台です。
◎会場までの交通費・宿泊費等はご参加者の負担となります。実施内容が変更になった場合、もしくは中止になった場合であっても、交通費・宿泊費等は保証いたしかねます。
◎FAX・E-mail・LINEでの参加申込みをもって、以上にご同意いただいたものとみなします。

主催：NPO法人コミュニティ（仙台市青葉区 ████████ ／022-████████）

東日本大震災や熊本地震の復興でも活躍しているNPOです！

National Institution For Youth Education
独立行政法人 国立青少年教育振興機構
「子どもゆめ基金助成活動」

体験の風をおこそう

図 6-2 AR 技術を用いたまち歩きの様子

かりやすいタイトルを付け、そのタイトルだけでもプロジェクトのおおまかな様子が正確に伝わることを目指しましょう。

第 **7** 章

プロジェクトの実践

まちづくりプロジェクトの実践では、進捗の
管理が必要です。プロジェクト期間中の軌道
修正の方法とあわせて、紹介しています。

まちづくりプロジェクトの実行まではもう少しです。

ここでは、第2章で紹介した「統合」についてふりかえっておきましょう。統合は、まちづくりプロジェクトの責任と権限の明確化を目的として行うものであり、「意思決定の仕組み」、「情報共有の仕組み」、「進捗管理の仕組み」をあらかじめ決めておくことでした。

進捗管理は、納期（Delivery）を目標どおり達成するうえでも重要です。そこで、「PERT（パート）」と「ガントチャート」の2つの手法について理解しておきましょう。

PERT：プロジェクトの工程を分析する

「**PERT**」（Program Evaluation and Review Technique）は、プロジェクトの完了までの間に必要な工程を分析する手法です。各工程の順番と、それぞれの工程の完了に必要な時間を明記した図を作成します。

皆さんが日常的にこなしている作業としては、料理を例にとるとわかりやすいでしょう。料理は同時にいくつもの工程を行っています。料理上手な人ほど、複数のメニューの下ごしらえや調理を行ったり来たりしながら、同時にこなしているはずですし、みんなで一緒に料理をつくる場合も、いくつもの工程が同時に行われます。まちづくりプロジェクトも、料理のように複数の工程を同時に実行することになります。

図7-1を見てください。これは、カツカレーを調理する場合のPERTです。カツカレーの調理工程は、米を炊く工程とカレーをつくる工程と豚カツを揚げる工程に分かれています。複数の人たちで調理をする場合は、これらの工程ごとに役割を分担することができます。PERTを見てみると、複数の作業が順番に矢印でつながれており、1本の工程（「**パス**」とよびます）になっていることがわかります。また、各工程には最低限必要な時間が明記されています。もし、品質（Quality）の達成に不可欠な作業があるとすれば、その作業を含んだ工程に掛かる時間はより長くなるでしょう（たとえば、米を水に浸す時間、カレーを煮込む時間などは品質（Quality）の設定次第です）。

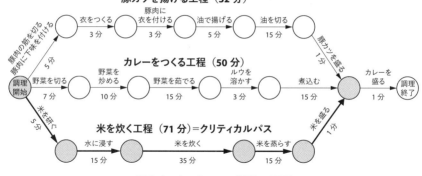

豚カツを揚げる工程（32分）

カレーをつくる工程（50分）

米を炊く工程（71分）＝クリティカルパス

図7-1 カツカレーの調理のPERT

　3つの工程のうち、最も時間の掛かる工程は米を炊く工程であることがわかります。最も時間の掛かる工程のことを「**クリティカルパス**」とよびます。PERTにおいては、クリティカルパスがどの工程であるか、必ず明記します。なぜならば、クリティカルパスを構成している工程のどこかに遅れが生じると、納期（Delivery）の遅れに直結するからです。

　そもそも、納期（Delivery）の設定に際しては、あらかじめPERTを描くことが必要です。クリティカルパスよりも短い納期（Delivery）を設定するようでは、プロジェクトを始める前からそのプロジェクトが失敗することが決まってしまうからです。

　では、別の事例についても見てみましょう。実際のまちづくりプロジェクトとしてもありそうな、地域のお祭りでたこ焼き屋を出店する事例です。**図7-2**に、そのPERTを示しました。

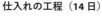

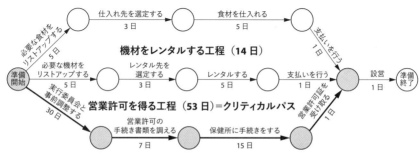

仕入れの工程（14日）

機材をレンタルする工程（14日）

営業許可を得る工程（53日）＝クリティカルパス

図7-2 地域のお祭りでのたこ焼き屋出店のPERT

たこ焼き屋の出店となると、食材を調達する工程や機材を借り上げる工程に気を奪われてしまいそうですが、PERT を作成してみると、保健所の営業許可を得るための工程が最も長いことがわかります。数週間必要としてしまう工程であるにもかかわらず、食材や機材のことばかり考えていると、営業許可の取得が間に合わなくなってしまうのです。こういったことを未然に防ぐ効果が PERT にはあります。

ガントチャート：プロジェクトの進捗状況を確認する

「**ガントチャート**」は、プロジェクトの全体工程において、工程ごとの作業内容、担当者と責任者、作業開始日と終了日を明記することで、随時、プロジェクトの進捗（進み具合）を確認することができる表です。第2章で説明した統合の仕組みづくりに際しては、ガントチャートを必ず作成します。

では、たこ焼き屋の出店を例に、**表7-1** でガントチャートを見てみましょう。

ガントチャート*の横軸には、日付を記します。縦軸には、作業内容とあわせ、担当者と責任者を明記します。すべての作業について1行ずつ分けて表記する方法が一般的ですが、工程内の各作業の担当者が同一なのであれば、1つの工程を1行にまとめてしまっても問題ありません。担当者は、その工程の完遂を目指し、お互いに協力を行います。工程内の意思決定もお互いに話し合って決定しますが、意見がまとまらない場合に、最終的な決定権をリーダーがもつルールをあらかじめ決めておくとよいでしょう（第2章表2-3参照）。

たこ焼き屋出店の事例では、各部門ともリーダーとサブリーダーの2人体制としていますが、チラシの配布では、担当者以外も協力している計画となっています。またお祭り前日の設営は、原則として全員で行いたい方針でしたが、スケジュールが合わずに欠席する者がいることを事前に把握できたので、このこともガントチャートに書き込んでいます。

マイルストーン：適切なタイミングでミーティングを行う

また、ガントチャートには部門ごと、あるいは全体でのミーティングの日程が明

＊PMBOK®においては、横軸に日付、縦軸に作業内容（「アクティビティ」と称している）のみを書くことになっていますが、本書では統合の仕組みの「見える化」を企図し、担当者と責任者も記載することとしています。

表7-1 地域のお祭りでのたこ焼き屋出店のガントチャート

担当		9月15日 日	9月16日 月	9月17日 火	9月18日 水	9月19日 木	9月20日 金	9月21日 土
全体			実行委員会		食材機材打合せ	全体打合せ		
○山 ××			出席			出席		チラシ印刷
☆川 ××			出席			出席		
◇田 ××					出席	出席	食材発注	
*沢 ××					出席	出席	食材発注	
リーダー/サブリーダー								
実行委員会出席	○山 ☆川		実行委員会					
営業許可取得	○山 ◇田	営業許可申請中						
会計	☆川 *沢				収支確認	収支経過報告		
食材発注	☆川 ◇田	食材・仕入れ先選定		選定結果共有		発注確認	発注	
機材発注	☆川 *沢	機材・レンタル先選定		選定結果共有		発注確認	発注	
チラシ作成	◇田 ○山		チラシ最終案作成				チラシ最終確認	チラシ印刷

担当		9月22日 日	9月23日 月	9月24日 火	9月25日 水	9月26日 木	9月27日 金	9月28日 土
全体								設営
○山 ××		チラシ配布			営業許可証受領			(欠席)
☆川 ××						納品対応	支払い対応	設営
◇田 ××			チラシ配布					設営
*沢 ××			チラシ配布					設営
リーダー/サブリーダー								
実行委員会出席	○山 ☆川							
営業許可取得	○山 ◇田	営業許可申請中			営業許可証受領			
会計	☆川 *沢						支払い	釣り銭準備
食材発注	☆川 ◇田					納品	支払い	
機材発注	☆川 *沢					納品	支払い	設営
チラシ作成	◇田 ○山	チラシ配布						チラシ掲出

担当		9月29日 日	9月30日 月
全体		お祭り当日	全体打合せ
○山 ××		運営	出席
☆川 ××		運営	出席
◇田 ××		運営	出席
*沢 ××		運営	出席
リーダー/サブリーダー			
実行委員会出席	○山 ☆川		
営業許可取得	○山 ◇田	許可証掲出	
会計	☆川 *沢	売上管理	会計報告
食材発注	☆川 ◇田	食材管理	
機材発注	☆川 *沢	機材管理	
チラシ作成	◇田 ○山		

記されます。統合に際し、ミーティングの頻度を決めておくとよいでしょう。このミーティングは、各工程にQCDに影響する問題が生じている場合、その問題を部門間や組織内で情報共有し、改善を図るための意思決定の場となります。このような場のことを「**マイルストーン**」とよびます。文字どおり、自分たちがどの位置にいるのか確認できる一里塚のようなものです。マイルストーンを設定する時期としては、PERTにおいて各工程が枝分かれするタイミングや再び合流するタイミン

グ、難易度が高い作業の前後とすることが多いです。マイルストーンとして設定したミーティングにおいて、いずれかの工程に遅れや変更など、QCDへの影響がある問題が生じている場合は、ガントチャートの見直しを行うこともあります。

たこ焼き屋の出店事例では、食材や機材の発注の前に、マイルストーンとなるミーティングを設けています。さらにその2日前にも、発注を担当する部門でのミーティングをもつことで、収支にも影響を及ぼしかねない重要な工程について、丁寧な意思決定や改善の機会を設けていることがわかります。

ちなみに、このたこ焼き屋出店の事例では、出店内容の詳細については実行委員会のチェックを受けなくともよい前提としていますが、実際のお祭りでは、販売を予定している内容や収支計画などを事前に実行委員会に報告しなければならない場合もあるでしょう。このような場合では、PERTにおいて実行委員会での承諾に必要な日数が明記され、またガントチャートにおいては実行委員会の開催もマイルストーンとして位置付けられていくことになります。

② エスキースチェック

まちづくりプロジェクトの成果は、チームのメンバーやパートナー以外の多くの皆さんに還元されるものです。ゆえに、皆さん自身が綿密な計画を練っていたとしても、そのプロジェクトが多くの人たちにとって受け入れがたい内容になっていたとすれば、元も子もありません。

このような事態を避けるためにも、皆さんの企画や構想はその下書きの段階で、客観的なチェックをしてもらう作業を繰り返していくことが大事です。この下書きのチェックのことを、本書では「**エスキースチェック**」とよぶことにします。

エスキース（**esquisse**）とは、フランス語で下絵という意味です。芸術や建築設計などの分野においては、芸術家やデザイナーは何度も何度もエスキースづくりに勤しむことから始まります。エスキースは、さらに助言者を交えながらその内容のよしあしについてチェック作業を行い、変更を加えることもあります。我が国の建築設計教育分野での造語ですが、このチェック作業を「エスキースチェック」とよんでいます。学生たちが構想した建築の計画やその図面の内容に対し、教員が助言したり、学生どうしでチェックし合ったりすることを通じて、その構想の実現に向けて一歩前進するための重要なプロセスです。そして、エスキースとチェックを

何度も繰り返すことがその特徴です。

　プロジェクトマネジメントの世界では、エスキースチェックという表現は一般に用いられてきませんでした。しかしながら、エスキースとチェックを繰り返すことにより、プロジェクトの目的に対して適切なQCDを設定することにつながります。第2章で紹介したように、QCDを明確に定義することができていれば、プロジェクトの実行中にその内容を変更することはありません。すなわち、QCDを決定した時点で、プロジェクトの成果物が決定されることになるのですが、初めてプロジェクトに取り組む皆さんにとっては、ここで打ち立てた構想が本当に正しいかわからない不安にさいなまれるでしょう。

　そこで、まちづくりプロジェクトの初心者の方々には、プロジェクトの立上げ時に積極的にエスキースチェックを受け、何度かエスキースとチェックの工程を繰り返してほしいと思います。

　エスキースチェックは、地域のNPOセンターなどで受けられます。「プロジェクトを立ち上げるので企画書をチェックしてほしい」などと伝えるとよいでしょう。また、助成制度への応募時に企画書づくりへの助言の場が設けられていることも多いですし、審査会や審査後に専門家である審査員の助言を受けられることもあります。最近では、地域連携部門の窓口をもっている大学も多く、こういったところでも専門家の助言を受けられる可能性もあるので、相談してみてほしいと思います。

 ## 3　プロジェクトの実行

　さあ、まちづくりプロジェクトを実行しましょう。

　たとえば、地域のお祭りを行うプロジェクトであれば、プロジェクトはお祭りの当日が実行日なのではなく、お祭りの準備を開始することでプロジェクトが始まり、お祭りの当日を経て、すべての工程が終わることでプロジェクトが完了します。

　プロジェクトには「独自性」、「有限性」、「有期性」の3つの特徴があること、プロジェクトはQCDの目標設定そのものが成功を決める評価軸であることなど、ここまで伝えたルールを守るだけで、プロジェクトは滞りなく実行できるはずです。

プロジェクトの記録作成と公開

　まちづくりプロジェクトは、その経過を記録にまとめておくとよいでしょう。さまざまな調整を尽くしてきたステークホルダーへの報告にも活用できますし、助成金を受けた活動であればその報告資料としても活用できます。寄付金や協賛金による活動であれば、プロジェクトの中途の様子を伝えていくことも必要です。プロジェクトの完了後、そのプロジェクトを発展させた新たなプロジェクトに取り組む場合の説明資料にもなります。このように、プロジェクトの記録の活用の幅は広いのです。

どのように記録を作成するのか

　プロジェクトの記録にはいろいろな方法がありますが、第2章の表2-3でも紹介したように、日々の活動の記録を日報にまとめておくことが基本となります。また、部門内や組織全体でのミーティングは議事録にまとめておくとよいでしょう。

　さらに、忘れがちですが、日々の打合せや準備作業の様子を写真に記録しておくと、最終報告書などで有効に活用することができます。打合せのホワイトボードの板書を写真に残しておくだけでも、議論の中身を思い出す際に活用できます。

　活動の記録を動画として残すこともよいでしょう。後々、編集作業を行えば、プロジェクトの成果資料としても使えますし、実行組織の宣伝材料としても活用できます。スマートフォンの普及もあり、動画の撮影は誰にでもでき、編集の方法は数年前よりもいちだんと簡単になりました。編集作業を行うためのパートナーとして、学生たちと連携してみるのもよいアイディアでしょう。

なぜ記録を公開するのか

　プロジェクトの記録は、随時公開することが望ましいでしょう。これはとくに、資金面での支援をしてくれているパートナーに対しての経過説明を兼ね、またプロジェクトの存在を広く知ってもらうためのきっかけとなるからです。また、ステークホルダーとのコミュニケーションが一定程度進んでいれば、継続的なコミュニケーション手段として役立てていくこともできるでしょう。

最近では、インターネットに掲載されていないプロジェクトは、実在しないプロジェクトあるいは信頼ならないプロジェクトととらえられる風潮もあることをご存知でしょうか。SNS などを活用しながら、それまでの経過を写真や短い動画とともに公開していくことを強く推奨します。

　なお、ステークホルダー向けにはプロジェクト完了後に報告書を作成し、提供することが望ましいです。ただし、報告書の作成を目的にしてはいけません。第 5 章の企画書の事例でもご覧いただいたとおり、小さなまちづくりプロジェクトにおいては、格式ばった報告書の作成はプロジェクトの財政を圧迫するだけで、QCD の達成には直接関係しないからです。

第 8 章

プロジェクトの
終わりかた

まちづくりプロジェクトを終える際は、事後評価を行います。後継のプロジェクトへと橋渡す準備作業の方法とあわせて、理解しましょう。

事後評価の意義

　まちづくりプロジェクトは、当初設定した納期（Delivery）の到来をもって終了します。この際、品質（Quality）やコスト（Cost）の目標も達成されているはずです。場合によっては、品質の欠如、あるいはコストや納期の超過、すなわちプロジェクトの失敗に終わることもあるかもしれません。

　まちづくりプロジェクトが完了したら、必ず事後評価を行いましょう。事後評価は、プロジェクトの成功や失敗の要因をふりかえる作業であり、次に同様のプロジェクトに取り組む際の改善ポイントが明らかになる作業であるため、プロジェクトの完了後、すみやかに行う必要があります。

　加えて、ステークホルダーやパートナーに対して、プロジェクトがうまくいったかどうか、なぜ目標の QCD に達しなかったかなどについて、明確に説明するうえでも、事後評価は欠かせない作業です。

事後評価のチェックポイント

　プロジェクトの事後評価では、主に QCD の達成度とその要因を記述します。QCD は、プロジェクトの目標としても設定した直接的な成果物です。「**インプット**」（プロジェクトの実行のために行った作業や投入した資源）に対して、「**アウトプット**」（プロジェクトの直接的な成果物）とよぶことにしましょう。

　これに加えて、プロジェクトでは、「**アウトカム**」（プロジェクトの副次的な成果物）がもたらされます。プロジェクトの波及効果といったほうがわかりやすいかもしれません。アウトプットは目標と対でしたが、アウトカムは目的と対になっています（**表 8-1**）。

　あらためて、第 2 章で例示した「朝市の一角に飲食スペースを設置するプロジェクト」について考えてみましょう。このプロジェクトは、「来街客の飲食ニーズを満たす」ことを目的とし、「朝市で買った食材の調理を依頼できる」ことを目指し、目標として QCD を設定して取り組む内容でした。

　「朝市で買った食材の調理を依頼できる」環境の実現に向けて設定した QCD は、それぞれそのまま「**アウトプット指標**」となります。一方で、「来街客の飲食ニー

表8-1 アウトプットとアウトカム

目標	アウトプット
• 品質（Quality）…予定した成果が得られているか • コスト（Cost）…コストを超過していないか • 納期（Delivery）…納期を超えていないか	プロジェクト開始時に設定した QCD 尺度で評価できる成果

目的	アウトカム
• プロジェクトのゴール像 …地域課題の解決や、生活の質の向上	目的の達成により果たされた成果で、QCD 以外の評価軸で表現できるもの

ズを満たす」ことについては、何人のどのようなニーズを満たすのかが事前に詳細に設定されていませんでした。このように QCD として具体的な設定がなされていないながらも、「×××の〜〜なニーズが満たされた」ことも成果であり、これが「**アウトカム指標**」となります。

アウトプットの成果が上がればアウトカムにプラスの影響があることまでは明らかなのですが、アウトプットがアウトカムにどの程度影響を与えるのかについては、はっきりとはわかりません。なぜならば、そのプロジェクトには「独自性」があり、初めてのチャレンジだからです。

そのため、アウトカム指標は必ずしも事前に設定する必要はないとされています。しかし、事後評価に向けたチーム内の志気を高めるため、あるいはステークホルダーとの合意形成に際して達成度を明確にするために、プロジェクトの着手時に設定しておき、企画書内でも明示することが多くなってきています。いずれにせよ、事後評価ではアウトカム指標の測定を行うので、その測定の方法はプロジェクトの着手前に検討しておき、着手前の値を計測しておくことがよいでしょう。

ところで、第2章第6節では、プロジェクトが頓挫する4つの要因を挙げました。

1. 目的や目標、スコープのあいまいさ、組織のミッションとプロジェクトのテーマの乖離
2. 合目的性の欠如（目標と手段の不一致）
3. リスクマネジメントの欠如
4. コンフリクトの発生

事後評価では、一般的にはこれらの4項目を評価の対象とする必要はありません。なぜならば、これらはプロジェクトに着手する段階で、あらかじめ解消されていなければならない問題だからです。もし、いずれかの要因がプロジェクトの失敗を招いたのだとするならば、そのことについて要因を検証し、事後評価に記載しましょう。

---

③　次の展開へ

　ここまでで、まちづくりプロジェクトを完了することができました。プロジェクトは、ルーチンワークとは異なり、始まりと終わりがあるので、当初設定した目標QCDの達成をもって、プロジェクトは完了することになります。

　しかし、1つのまちづくりプロジェクトの完了で、私たちの生活は未来永劫、よくなったのでしょうか。必ずしもそうではないことは、皆さんもおわかりのとおりでしょう。つまり、まちづくりプロジェクトが完了したとしても、それによってまちづくりの必要性がなくなるわけではありません。むしろ、まちづくりプロジェクトの結果に基づいて、次の行動を起こすことができるのです。

　そのようなプロジェクトの展開には、大きく5つの方向性があります（図8-1）。

　期待どおりもしくはそれ以上の成果を挙げ、その地域課題に向き合うプロジェクトとしての役目を終えるケースがあります（展開①）。一方で、十分な成果を挙げた過程において、実行に際して気付いた新たな地域課題に向き合うべく、次の目的や目標を掲げて、新たなプロジェクトを立ち上げる道もあります（展開②）。

　プロジェクトで一定程度の成果を挙げ、社会的なニーズの大きさに気付いた場合は、ルーチンワークとして継続することも考えられるでしょう（展開③）。

　かたや、期待されたほどのアウトプットやアウトカムを導き出せなかった場合には、目標値を設定し直したり、スコープを変更したり、あるいはプロジェクトに取り組むチームやパートナーを見直すなどして、プロジェクトに再チャレンジすることもあるでしょう（展開④）。

　実行組織の都合などにより、その地域課題からやむなく撤退することもなかにはあると思います（展開⑤）。しかしながら、地域課題の解決には至っていないため、後々同じようなプロジェクトの実行が期待されることは間違いありません。この場合は、プロジェクトの成果を公開し、後継者を探索することまでは責任をもって取

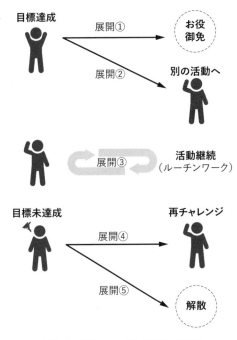

図 8–1 プロジェクト完了後の展開

り組んでおきたいところです。

第9章

まちづくりプロジェクトの実行組織

まちづくりプロジェクトでは、さまざまな組織形態が主体になりえます。それぞれの組織形態の特徴を知っておきましょう。

組織の違いによる得手・不得手

　この章では、まちづくりプロジェクトの計画や実行に際しての主体となる組織について考えていきましょう。まちづくりプロジェクトを立ち上げる組織には、大きく分けて2つのケースがあります。

1. 既存の組織がまちづくりプロジェクトを実行するケース
2. まちづくりプロジェクトを実行するために新しい組織を立ち上げるケース

　第5章では、演習問題の事例として4つの企画書を示しましたが、そのうち2つは既存の組織がまちづくりプロジェクトを手掛けたもので、残り2つはそのプロジェクトに取り掛かるために新たに組織を設立したものでした。その際に、組織のミッションとプロジェクトのテーマが合致することの重要性については説明しましたが、そもそもどのような組織がまちづくりプロジェクトの遂行に向いているかについては、まだ触れていませんでしたので、ここで紹介します。

　まず、前提として、まちづくりプロジェクトの遂行には、ステークホルダー（第5章）やパートナー（第6章）が存在しており、他者との関係がつきまとうことを確認しておきましょう。また、まちづくりプロジェクトでは少なからず収入が伴うため、その実行組織は原則として確定申告など税務上の手続きを行う必要があるなど、組織としての役割が大きいことを理解しておきましょう。

　そのうえで、まちづくりプロジェクトの担い手となりうる組織には、さまざまなものがあり、それぞれだいぶ特性が異なります。**表9–1** を見てみましょう。

任意団体

　地域のボランティア団体や趣味のサークルなどは、「**任意団体**」にあてはまります。
　組織に法的な根拠がないため、たとえば財産の管理やさまざまな契約などは、その組織の代表者が個人として行うことになります。たとえば、イベント会場やレンタカーなどを借り上げた際、誤って物品を破損するなど、他者に損害を与えてしまった場合、それは契約者である代表者個人が弁償する責任を負ってしまうことになります。また、組織として収入があれば、代表者の個人名義で確定申告を行う必要なども生じます。
　すなわち、「任意団体」は組織化に際しての手間が省かれる反面、代表者個人が

表9-1　まちづくりプロジェクトの担い手組織

組織	任意団体	町内会 自治会	地縁による団体	商店街振興組合	まちづくり協会
根拠法*1	—	—	地方自治法 第260条の2	商店街振興組合法	—
法人格の有無*2	×	×	○	○	×
運営ルールの明文化の必要性*3	△　助成金の申請時などに、「規約」が必要となる場合が多い。	△　公益性の観点から、原則として「規約」を作成する。	法律に基づき「規約」を作成し、市町村長による認可を受ける。	法律に基づき「定款」を作成し、所管行政庁（原則として、市・特別区または都道府県）の認証を受ける。	助成金の申請時などに、「規約」が必要となる場合が多い。
設立に必要な構成員の人数	—	—	—	7名以上	—
構成員の加入条件	×　一般的には区域内に住所を有する世帯や団体（加入を義務化している法律はない）	△　一般的には区域内に住所を有する世帯や団体（加入を義務化している法律はない）	○　区域内に住所を有する個人	区域内で小売商業やサービス業などを営む者（定款で定めたこれ以外の者を含む）	△　一般的には区域内に住所を有する世帯や団体
議決権	原則として平等（規約で変更可）	原則として平等（規約で変更可）	原則として平等（規約で変更可）	平等	原則として平等（規約で変更可）
財産所有の名義	組織の代表者名義もしくは全員での共有	組織の代表者名義もしくは全員での共有	法人名義	法人名義	組織の代表者名義もしくは全員での共有
税制上の特例*4	×　非営利活動のための固定資産であれば、市町村ごとに固定資産税の免除措置あり	○　非営利活動のための固定資産であれば、市町村ごとに固定資産税の免除措置あり	○　非営利活動のための固定資産であれば、市町村ごとに固定資産税の免除措置あり	・組合事務所や倉庫の固定資産税は非課税 ・法人税率の軽減措置あり	×
決算の公告・届出	—	—	—	所管行政庁への届出必要	—
剰余金の分配*5	×　判例により解散時のみ払戻し可能	×　判例により解散時のみ払戻し可能	×　判例により解散時のみ払戻し可能	×	×　判例により解散時のみ払戻し可能
まちづくりプロジェクトを行ううえでの特徴	新たにまちづくりプロジェクトを行う組織をつくる場合には、最も身軽な組織体である。一方で、法人格がないため、個人が過大な責任を負いながら、プロジェクトを遂行する必要がある。	一般的には区域内での自治活動を行う組織であるから、エリア限定のルーチンワークになじみやすい。一方で、プロジェクト型の活動経験が浅いなど、合意形成に苦労しやすい。	任意の町内会・自治会と同等であるが、法人格をもっているため、資産所有や契約になじみやすい。一方で、プロジェクト型の活動経験が浅いなど、合意形成に苦労しやすい。	一般的には区域内での商業活動を行う組合であるから、エリア限定のルーチンワークになじみやすい。一方で、プロジェクト型の活動経験が浅いなど、合意形成に苦労しやすい。	一般的には地域内の各種団体の連合体であるため、目的に応じてプロジェクトチームを作って取り組むことができる。一方で、法人格がないため、個人や構成団体が過大な責任を負いながら、プロジェクトを遂行する必要がある。

*1　各種法令に基づいた運営が必要
*2　法人格があると、団体として資産所有や契約などが可能
*3　団体の規約の作成と認定が必要な場合あり
*4　組織の運営いかんにかかわらず、収益事業を行っている場合は法人税の課税対象になることに注意
*5　剰余金の分配が可能である場合も、法定の限度額あり

表 9-1 まちづくりプロジェクトの担い手組織（続き）

組織	特定非営利活動法人（NPO法人）	一般社団法人 公益社団法人	有限責任事業組合（LLP）	合同会社（LLC）	株式会社
根拠法*1	特定非営利活動促進法	一般社団法人及び一般財団法人に関する法律	有限責任事業組合契約に関する法律	会社法	会社法
法人格の有無*2	○	○	×	○	○
運営ルールの明文化の必要性*3	法律に基づき「定款」を作成し、所管行政庁（政令指定都市または都道府県）の認証を受ける。	法律に基づき「定款」を作成し、公証人により定款の認証を受ける。	法律に基づき「組合契約書」を作成する（認証は不要）。	法律に基づき「定款」を作成する（認証は不要）。	法律に基づき「定款」を作成し、公証人により定款の認証を受ける。
設立に必要な構成員の人数	10名以上	2名以上	2名以上	—	—
構成員の加入条件	加入に不当な条件を設けることは不可	定款で規定	組合員の全員一致により決定	定款で規定	定款で規定
議決権	平等	原則として平等（定款で変更可）	全員一致の原則	原則として平等（定款で変更可）	持ち株比率による
財産所有の名義	法人名義	法人名義	合有（組合員全員での共有）	法人名義	法人名義
税制上の特例*4	・収益事業以外は非課税 ・認定NPO法人に限って、損金算入の拡大措置あり	・非営利型法人では収益事業以外は非課税 ・公益社団法人に限って、利子・配当などの源泉所得税の非課税措置、および損金算入の拡大措置あり	LLPは課税されず、構成員が課税される（パススルー課税）	×	×
決算の公告・届出	所管行政庁への届出必要	公告必要	—	—	公告必要
剰余金の分配*5	× —	× —	◎ 組合員の全員一致により決定	◎ 定款の定めによる	○ 原則として持ち株比率による
まちづくりプロジェクトを行ううえでの特徴	「不特定かつ多数のものの利益の増進に寄与することを目的とする」活動団体であるため、極端に地域や対象を絞った活動には不向きであるが、容易に設立や運営の手間がある一方で、容易に法人格を取得できることが魅力である。	税制上の優遇措置を受けないのであれば、運営は簡便であり、さまざまなタイプのまちづくりプロジェクトに対応できる。	設立は非常に容易だが、全員での意思決定を要する組織体であるため、プロジェクト立上げ時における統合作業をより丁寧に行う必要がある。	設立や意思決定が容易であり、運営も比較的容易であるため、さまざまなタイプのまちづくりプロジェクトに対応できる。	資金調達において力を発揮しやすいため、大規模なまちづくりプロジェクトに向いた組織体である。

負う責任が大きく、大きなまちづくりプロジェクトを実行するにはあまり向いていません。

町内会・自治会

「町内会・自治会」は、全国に約30万団体あるといわれている、身近な地縁組織です。後に紹介する「地縁による団体」でない限り、法的な根拠がない組織であり、財産の管理や契約、税務などの面で「町内会・自治会」は、「任意団体」と同様の組織体です。

一方で、「任意団体」としての違いは、集落の住民から一定の付託を得て、会長などの役員が住民の互選により選出されていたり、年度の会計が公開されていたりするなどの社会性にあります。また、地元自治体からは広報紙の配布やごみ集積所の管理などを委託され、公益的な組織としての側面をもっていることも特徴です。

ただし、「町内会・自治会」のミッションは集落の自治にあるため、何かしらのまちづくりプロジェクトの主体となる場合、組織のミッションとプロジェクトのテーマがミスマッチを起こしてしまう場合があります。まちづくりプロジェクトの主体となる際には、組織の構成員たる住民の賛同が得られているかどうかが重要な鍵となります。

地縁による団体

「地縁による団体」は、地方自治法第260条の2において規定されており、「市町村内の一定の区域に住所を有する者の地縁に基づいて形成された団体」のうち、市町村長の認可を受けた団体のことです。認可地縁団体ともよばれています。

市町村長の認可を受けるためには、下記の要件が必要です。

1. その区域の住民相互の連絡、環境の整備、集会施設の維持管理等、良好な地域社会の維持及び形成に資する地域的な共同活動を行うことを目的とし、現にその活動を行っていると認められること
2. その区域が、住民にとって客観的に明らかなものとして定められていること
3. その区域に住所を有する全ての個人は、構成員となることができるものとし、その相当数の者が現に構成員になっていること
4. 規約を定めていること

上記の要件から、既存の「町内会・自治体」が市町村長の認可を受けるケースが

ほとんどです。なお、2018年4月1日時点で、約5万1000団体が「地縁による団体」となっています。

「地縁による団体」は、不動産や金融資産を団体名義で所有することができます。これにより、集落の集会所なども団体名義で所有することができ、「任意団体」で生じてしまう代表者個人への過度な負担感が軽減されることが特徴です。

一方で、まちづくりプロジェクトの主体となる場合は、「町内会・自治会」と同様、組織のミッションとプロジェクトのテーマの間にミスマッチが起こる場合も多いので、注意が必要です。

組合

「商店街振興組合」など、事業者団体としての**組合**組織は、団体名義での財産所有や契約行為が可能です。地域商業の活性化や賑わいづくりなどの場面で、組織のミッションとプロジェクトのテーマが合致しやすいため、その組織が対象としている事業の領域において活躍が期待される主体です。

一方で、組合員たる権利を得るには、法律上、もしくは組織の定款上の制約が多く、誰しもが組織の構成員になれるわけではありません。プロジェクトへの協力者を組織外からも求める場合においては、プロジェクトのための組織を組合組織とは別に構築するか、あるいは外部の協力者にはチームのメンバーではなくパートナーとして関わってもらう方法が考えられます。

まちづくり協議会

「まちづくり**協議会**」など、地域の協議会組織は、まちづくりプロジェクトの新たな主体として期待されています。その組織は、「町内会・自治会」に加え、PTAや老人会など地域の諸団体、「商店街振興組合」など地域商業や産業の団体、さらには地域のNPOやサークル団体など、さまざまな団体が構成員として参加し、相互の連携を図ります。おおむね小学校区単位の規模でつくられることが多く、近年では全国各地で組織化が進んでいます。

「まちづくり協議会」は一般に任意団体ですが、「NPO法人」などの法人格を取得し、活動を展開することもあります。また、構成員の一部が法人格をもっていることが多く、まちづくりプロジェクトを仕掛ける際の責任を果たすうえで構成員が大きな役割を担う場合もあります。このように、「まちづくり協議会」は地域の諸課題にさまざまな主体が横断的に取り組める点において、まちづくりプロジェクト

の有力な担い手です。

法人などの団体

　「**NPO法人**」、「**一般社団法人・公益社団法人**」、「**有限責任事業組合（LLP）**」、「**合同会社（LLC）**」、「**株式会社**」などは、法人やそれに準じた組織として、まちづくりプロジェクトに臨むことができる団体です。「町内会・自治会」などの地縁組織以外を構成員とする場合に用いられることが多い組織です。一見すると、「株式会社」などは純粋な営利組織のように思われてしまいますが、企業の社会的責任（CSR）が追及されるなかで、地域課題の解決において非常に大きな役割を果たしています。このことは、後ほどあらためて説明しましょう。

　表9-1では、組織形態ごとの設立の手続きや会計の特色などについて、概要を記しています。このうち、「NPO法人」や「一般社団法人・公益社団法人」は、貸借対照表の公表が義務づけられており、組織としての活動実態を積極的に公表することをもって、公益的な責務を果たそうとする組織形態です。加えて、「NPO法人」は事業報告書や役員名簿などの公開も義務づけられています。それぞれの組織は、組織の運営ルールである定款において情報公開の方法を定めています。

　次節以降では、組織形態ごとの特徴を、もう少し詳しく掘り下げていきましょう。

 やってみよう！

- NPO法人の会計資料や事業報告書に目を通してみましょう。

　視点1. NPO法人の多くは「内閣府NPO法人ポータルサイト」における電子広告を行っているので、身近なミッションを扱っているNPO法人、あるいはお住まいの地域で活躍するNPO法人の会計資料や事業報告書を読んでみましょう。

　視点2. そのNPO法人では、前年度にどのようなプロジェクトを行っていますか？　プロジェクトの目的や目標、事業規模、ミッションとテーマの関係などについて、確認してみましょう。

② 町内会などの地縁組織の特徴

　町内会は、第二次世界大戦に際して「住民を基礎とする地域的組織」かつ「市町村の補助的下部組織」として 1940 年にすべての集落において結成されました（部落会町内会等整備要領（内務省訓令第 17 号）、通称「隣組強化法」による）。当時は、大政翼賛会の末端組織としても位置付けられていて、国民を戦争に駆り立てる役割を担っていました。

　戦後、現代に至るまで、町内会や自治会を各集落に設けなければならない法的根拠はどこにもなくなりましたが、とくに高度経済成長期における地域の諸課題の解決において、町内会・自治会は最前線で活躍したことはいうまでもありません。

　現在では、町内会・自治会の役割が多様化し、従来から担っていた市町村の広報の配布、ごみ集積所の管理、民生委員や児童委員の選出などに加え、地域の防災や防犯、親睦行事なども担うことが期待されていて、限られた担い手だけで取り組むのにはオーバーワークとなりつつあります。2005 年には最高裁判所において、町内会・自治会からの脱会は自由である旨の判決も下っている一方で、脱会を巡るトラブルはいまもなお各地で起こっていて、住民自治の理想的なありかたについては発展途上であるといえます。

　町内会・自治会が強制加入組織ではない前提で、まちづくりプロジェクトにおいてどんな役割を果たせるか、考えてみましょう。

　町内会・自治会の最大の優位性は、その構成員が地域住民である点です。活動の参加に積極的ではない地域住民はいるかもしれませんが、地域住民が主体的に地域の自治を行うことの重要性についてはおおむね賛同が得られており、すなわち組織のミッションに限っては大きな共感を得られているといえるでしょう。また、回覧板などの組織独自の情報発信ツールを有していて、また市町村との連携体制についても構築されていることがほかの組織に勝っている点です。

　他方で、課題解決型のプロジェクトの実施に際しては、多くの構成員にとって共感が得られるテーマ設定である必要があり、合意形成を行うべきチームの規模としてはやや大きく、難しさがあるといえるでしょう。回覧板の到達率の低さ（第 6 章表 6-2 参照）や、市町村との既存の関係は下請けと陳情の上下関係にあり、市民協働（第 10 章参照）の本来の姿にはないことなど、課題もあります。地方自治法第 260 条の 2 に規定される「地縁による団体」に移行すれば、資産管理など法的

な責任上の問題は整理されますが、まちづくりプロジェクトの推進組織としての貧弱さは否めません。

　近年では、後述するように、ほかの団体とともに「まちづくり協議会」を組織したり、地域住民のうちプロジェクトのテーマに賛同したメンバーで「NPO法人」を組織したりする事例が全国に登場しています。このように、新たな組織体との二重の顔をもつことが、町内会・自治会の現代的な姿の1つになりつつあります。

③ 商店街などの組合組織の特徴

　市町村などの地方公共団体にとって対応が難しくなっている暮らしのニーズにきめ細かく対応できるのは、非営利組織であると考えられています。商店街振興組合などの組合組織は、利潤の分配を行うことができる点において非営利組織とは制度背景が異なります。しかしながら、国際協同組合同盟（ICA＝International Cooperative Alliance）が1995年、「協同組合原則」の改定を行い、そのなかで協同組合の役割として「地域社会への関与」を掲げたことを契機に、地域社会の持続可能な発展に向けた組合組織の社会的責任は強まったといえます。この「地域社会への関与」は、「協同組合原則」の7番目に掲げられていることから、通称「第7原則」とよばれています。またICA理事会の見解では、「協同組合はしばしばその地域社会（コミュニティ）と密接に結びついている。協同組合は地域社会の経済的、社会的、文化的な発展が確実に持続できるようにする特別な責任をもつ。協同組合は地域社会の環境保護のためにしっかり活動する責任がある」と、第7原則の意義が表明されています。

　とくにヨーロッパ諸国においては近年、協同組合と非営利組織の境界があいまいになりつつあることから、非営利組織とともに協同組合も「サード・セクター」として、政府や企業に次ぐ経済主体に位置付けられています。サード・セクターとは、行政と民間の協力体という意味においての我が国独自の定義である「第3セクター」の概念とは異なり、一般的には政府から離れたところにある非営利性の高い民間組織という意味合いをもっています。

　我が国では、組合組織が直接的にICAによる「第7原則」を意識しているケースは多くはありませんが、「企業の社会的責任（CSR）」への関心が高まるなかで、CSRとしての地域貢献を表明している組合組織は少なくありません。

我が国での組合組織は、農業協同組合、漁業協同組合、事業協同組合、商店街振興組合などさまざまで、それぞれの根拠法も異なります。一方で、その多くは零細な事業者の社会的地位の向上を目指すことを組織の目的として掲げていることに共通性がみられます。組合組織がまちづくりプロジェクトを進めるうえでの最大の優位性は、構成員である事業者それぞれが経営の安定を志しており、これをミッションとして共有し、組織化を果している点にあります。組織として共有されたこのミッションは、テーマ型の取組みを行うときも揺らぐことはなく、まちづくりプロジェクトを行う際の合意形成が容易です。

　他方で、農業協同組合では合併による広域化、商店街振興組合では業態の多様化やオンライン販売の隆盛などによる消費者の"対面販売離れ"もあり、まちづくりプロジェクトにおいて対象とする地域を絞りにくくなっていることが課題です。

　また、組合員たる権利を得るには法律や定款での制約が厳しいため、それぞれの組合における事業者としての要件を満たさない限りは、組織の構成員になることはできません。それゆえに、元来の構成員を超え、プロジェクトに多くの協力者の参画を得ようとするならば、組合組織とは別に、プロジェクトを遂行するための新たな組織を立ち上げることが自然です。次節で紹介するように、地縁組織とともに「まちづくり協議会」を設立し、土着的な取組みを行う事例も増えつつあります。

4　協議会などのネットワーク型組織の特徴

　「まちづくり協議会」は、「町内会・自治会」に加え、PTAや老人会など地域の諸団体、「商店街振興組合」など地域商業や産業の団体、さらには地域のNPOやサークル団体など、さまざまな主体が連携を図るために組織されます。

　その立上げには3つのパターンがあります。1つは、神戸市で導入された高齢者や障害者、児童の福祉を目的とした組織です。地域の季節行事を主催したり、子育てサークル事業や高齢者の見守り事業を実施したりするなど、活躍の幅が広いことが特徴です。この考え方をまねたものは全国に広がっており、おおむね小学校区単位の規模でつくられる場合が多いです。2つめは、都市部での都市計画の提案を地権者である住民らが中心となって行うための組織として立ち上げられるケースです。1つめのケースよりも、ハードのまちづくりを主題として扱い、地区計画などの実際の都市計画が完成すれば解散する場合も多いです。都市計画の提案を行う対

象地域の地権者や賃借人に加え、都市計画の専門家や地域のNPOが加わる場合もあります。もう1つは、その両者をあわせもったような、ハードとソフトのまちづくりを同時に行う主体としての協議会組織です。近年では、地区レベルでの都市経営を地域住民らが主体になって行うことも多く、改正都市再生法に基づいたまちづくり（エリアマネジメント）においては、「**都市再生推進法人**」*という法人格を得る方法もあるのが特徴です。

　いずれの場合においても、「まちづくり協議会」には地域住民や地縁組織のみならず、多様な主体が地域課題の解決のために参集しています。ゆえに、地域課題の解決を目指すまちづくりプロジェクトであれば、そのテーマと組織のミッションは合致しやすいのが特徴であるといえます。

　他方で、多様な主体を束ねる協議会そのものは、そのままでは法人格を有していません。このため、資産管理や諸契約などにおいて、代表者個人の責任が過大になってしまう場合もあります。この解決策として、協議会が株式会社やNPO法人などの法人格を取得するケースが増えてきています。また、事業規模が小さいうちは、協議会の事務局を既存のNPO法人などが担い、その法人が協議会の責任を肩代わりする方法もありえます。

⑤　NPO法人や株式会社などの組織の特徴

　企業の社会的責任（CSR）に関心が集まるなか、2010年には人権の尊重、適正な労働環境づくり、環境への配慮、公正な事業の励行などの観点で取り組むべき主題が国際規格 ISO26000 としてまとめられました。この主題の1つには、「コミュニティへの参画及びコミュニティへの発展」が掲げられていて、「組織がそのコミュニティのなかでの1つのステークホルダーであり、そのコミュニティとの共通の利害を共有しているという認識」をもつことの重要性が指摘されています。すなわち、すべての企業は、まちづくりプロジェクトを行っているか否かにかかわらず、コミュニティとの相互関係のなかで成長を遂げることが期待されています。

　この観点において、株式会社などがまちづくりプロジェクトの担い手となること

＊都市再生推進法人になることができるのは、一般社団法人・公益社団法人、一般財団法人・公益財団法人、NPO法人、まちづくりの推進を図ることを目的として設立されるその他の法人（まちづくり会社）であり、いずれも市町村長による指定を経る必要があります。

は、なんら不自然な点はないといえるでしょう。

　実際には、表9-1に示したように、「NPO法人」、「一般社団法人・公益社団法人」、「有限責任事業組合（LLP）」、「合同会社（LLC）」、「株式会社」のそれぞれは、根拠法も設立の方法も利潤の分配に関する規定も異なっています。したがって、プロジェクトの遂行に際して優先されることが公益性なのか、身軽な意思決定機構なのか、利益の大きさなのか、などによって選択される組織形態は異なることになります。

　NPO法人は、会計において単式簿記の使用が許容されているなど、運営の簡便さがありますが、税制上の優遇措置が充実しているわけでもなく、情報公開の充実度に裏打ちされた公益性が重視された組織であるといえます。必ずしもこのような観点での優位性を必要としないのであれば、まちづくりプロジェクトの実行組織として、「一般社団法人・公益社団法人」や「合同会社（LLC）」、「株式会社」などの組織形態を選択することはいっこうにかまわないでしょう。

第9章　参考文献
吉原直樹：コミュニティ・スタディーズ、作品社、pp. 93-112、2011
小地沢将之、石坂公一：都市資産マネジメント主体としての事業協同組合の再評価、日本建築学会計画系論文集、624、pp. 379-384、2008
白石正彦：協同組合第7原則「地域社会への関与」その意義と役割―なぜ、第7原則は"21世紀の協同組合原則"に加えられたのか―、協同組合経営研究誌「にじ」、611、pp. 2-11、2005

第 10 章

市民協働による
まちづくりプロジェクト

まちづくりプロジェクトでは、他団体や自治体などとの協働を行う場面があります。そこで、協働しやすい住民組織づくりや行政機構づくりの方法について考えてみましょう。

① 市民協働の方法

第1章の冒頭では、まちづくりプロジェクトの主体は個人のみならず、団体もなりうるものだと説明しました。そして第6章では、仲間集めについて紹介し、多様なパートナーの存在について確認しました。さらに第9章では、まちづくりプロジェクトはさまざまな組織が実行組織を担いうることについて説明しました。

私たちは、地域課題の解決を目指したまちづくりプロジェクトの実行に際して、地域住民や市町村、企業や団体など、多様な主体とのコラボレーションを行っていくことになります。ここでは、そのコラボレーションのことを「**市民協働**」とよぶことにしましょう。

ところで、「市民」とは誰のことでしょうか。ここまでたびたび登場していた「住民」とは違うのでしょうか。ここでは、「住民」と「市民」の違いを整理することから始めましょう。「住民」は、地方自治法第10条において **表 10–1** のように規定されています。

表 10–1

地方自治法　第 10 条
1　市町村の区域内に住所を有する者は、当該市町村及びこれを包括する都道府県の住民とする。 2　住民は、法律の定めるところにより、その属する普通地方公共団体の役務の提供をひとしく受ける権利を有し、その負担を分任する義務を負う。

一方で、「市民」には、法律上の定義はありません。狭義では、「ある市に住所を有する住民」という意味合いで用いられますが、最近の一般的な考えかたでは、住民に加え、その区域内の事業者や NPO、さらには住所を有していなくても通勤先や通学先があるなど、その区域と深い関係がある者すべてをまとめて指している概念だと考えられています。

たとえば山形県庄内町では、筆者がアドバイザーとして加わり、町民自治の最高規範となる「まちづくり基本条例」の策定作業を町民の協力を得ながら進めました（**図 10–1**）。16 回もの町民参加によるワークショップなどを経て、2012 年 7 月に「庄内町みんなが主役のまちづくり基本条例」として施行されました。このなかで最終的に決定された「町民」の定義は、**表 10–2** のように地方自治法が定めるとこ

図 10-1 山形県庄内町「みんなが主役のまちづくり基本条例」策定ワークショップの様子

表 10-2

庄内町みんなが主役のまちづくり基本条例
第4条(2) 町民とは、次のいずれかにあてはまるものをいいます。
　イ　町内に住所がある人（以下「住民」といいます。）
　ロ　町内に通勤又は通学している人
　ハ　町内で事業を行うもの（以下「事業者」といいます。）その他まちづくりを行うもの

ろの「住民」の定義から拡張されていて、町内に住所を有しない者たちを含め、その町と深い関係をもつ者みんながまちづくりの主役となることをうたっていることが特徴です。すなわち、この条例における「町民」とは、本書でいうところの「市民」の性質を有しています。さらにこの条例は、町外の人々さえも「まちづくり」のパートナーであると定めている点が特徴的です（**表 10-3**）。

　庄内町のように、「住民」のみならず、その地域と深い関係性のある個人や団体

表 10-3

庄内町みんなが主役のまちづくり基本条例
第21条　町民、町及び町議会は、まちづくりがより効果的に進められるよう、町出身者等庄内町に関わり、関心を持つ町外の人々との連携及び交流を深めます。

が「市民」としてまちづくりプロジェクトの担い手となり、またそのパートナーとして力強い後押しをしていくことを前提とした社会をつくりあげることで、地域課題の解決を目指そうとするのがこれからの時代のまちづくりです。

　さらに、市民どうしが連帯し、加えて行政や産業界、教育研究機関などが手を携えて、1つのプロジェクトのゴールを目指すのが市民協働によるまちづくりです。

　まちづくりプロジェクトでは、市民協働によらなければ得られない成果を達成することがあります。仙台市における「脱スパイクタイヤ運動」もその1つです。

事例 5

脱スパイクタイヤ運動

　雪国の自動車はかつて、冬用タイヤとして金属製の鋲を打ち込んだスパイクタイヤを使用していました。フィンランドで開発されたスパイクタイヤは、1950年代から1960年代にかけて北欧諸国に広まり、我が国でも1970年代には寒冷地の冬用タイヤとしてスパイクタイヤの使用が一般化していました。雪道ではスノータイヤよりもよく止まることができるため、とくに坂道の多い仙台市では誰しもが使っていたタイヤでした。

　しかし仙台市内は、冬季であっても道路に積雪のある日は多くなかったため、スパイクタイヤは剥き出しになった路面を摩耗させ、町中ではアスファルトの粉塵が舞うのが冬の光景になってしまいました。粉塵は半日ほどであちらこちらを灰色に染め、ほうきを片手に一日中門前を清掃する人の姿が後を絶たないようになりました。マスクや眼鏡なしでは外出できないほどに舞い上がった粉塵は私たちの生活を大いに邪魔し、また道路にはひと冬で深い轍ができるほどでした。

　1980年代に入ると、北海道大学での研究を皮切りに、多くの研究機関が粉塵による健康被害を指摘し始めるようになりました。これを機に、札幌市や仙台市、松本市で脱スパイクタイヤに向けたアクションが起こり始めます。

　なかでも仙台市の「脱スパイクタイヤ運動」は産学官民を巻き込んだ大規模な論争や実践を伴うものであり、他都市や国、産業界への影響の大きさの点から特筆すべきものがあります。

　健康被害への影響を指摘した研究機関の調査結果が出始めたころ、仙台弁護士会は宮城県に対し、スパイクタイヤの使用禁止を求める意見書を提出しました。時を同じくして、スパイクタイヤによる健康被害への不安と、交通安全の観点からの必要論が入り交じり、市民や企業、行政を巻き込んだ大きな論争が始まりました。スパイクタイヤは全面禁止なのか部分禁止なのか、それとも自粛なのか、論点はさまざまでした。また、タイヤチェーンを見直す動き、スパイクタイヤ

のピンを抜く活動、除雪や融雪を強化する取組みなど、市民や行政らによるアクションも多様でした。

これらの動きのなかで、マスコミが果たした役割も大きいものでした。そもそも粉塵が何によってもたらされているのか明らかではなかった1981年、地元紙である河北新報はスパイクタイヤが原因である可能性を指摘し、市民の関心を集めるきっかけをつくり出しました。NHK仙台放送局は、1982～1983年にかけてキャンペーンを展開し、スパイクタイヤの使用のありかたについて大きな議論を引き起こす契機をつくりました。

多様な主体による取組みは、最終的にはタイヤメーカーを動かし、企業努力としてスタッドレスタイヤが開発されるに至りました。これにあわせ、宮城県は1985年12月に冬季間のスパイクタイヤ使用自粛と冬季以外の使用禁止を定めた「スパイクタイヤ対策条例」を施行するに至りました。この動きは全国に広がり、やがて1990年には「スパイクタイヤ粉塵の発生の防止に関する法律」が定められ、また同年には産業界もスパイクタイヤの製造を中止したことで、一連の運動は幕を閉じました。

仙台市民は、市民自らが公害の発生源となってしまっている立場にあり、また冬季の交通安全という視点では自らにとっての利害が大きいなか、市民の健康を守るための知恵を市民総出で出し合い、論争し、行動を起こしました。結果として、仙台市民はさまざまな主体を巻き込んだ市民協働を経験しました。一連の経験は、後に市民協働の先進地とよばれる仙台の都市アイデンティティの基礎になっています。

② 協働しやすい住民組織づくり

まちづくりプロジェクトの実行に際し、チーム内では解決できない問題については、パートナー（第6章）とともに対応していきましょう。「町内会・自治会」自身がまちづくりプロジェクトを立ち上げたり、外部のプロジェクトチームに参画したりすることを想定すると、「町内会・自治会」は構成員である地域住民以外とも協働しやすい組織にしておく必要があるでしょう。そのためには、どんな準備をしておくことが必要でしょうか。

ここでは、規約の見直しと情報発信の必要性について指摘しておきたいと思います。

規約の見直し：「町内会・自治会」以外の住民と協働するために

おそらく「町内会・自治会」の一般的な規約には、会員の相互扶助や福祉の増進などの目的が掲げられているでしょう。また、会員の要件は、その地域に暮らす住民あるいは住所を有する団体などであることが記されていると思います。すなわち、現行の「町内会・自治会」ができることは、限定されたエリア内における、限定された人材による、限定された受益者のためのまちづくりプロジェクトに限られます。また、会計も毎年のルーチンワークによって固定化してしまっているため、一般的には新しいまちづくりプロジェクトを取り込みにくい構造になっているものと思われます。

現行の「町内会・自治会」の姿を第5章の企画書づくりで学んだ6W2Hに照らし合わせると、次のようになります。

誰が（Who）	＝町内会・自治会の会員
いつ（When）	＝町内会・自治会の毎年の会計年度内
どこで（Where）	＝町内会・自治会のエリア
何を（What）	＝町内会・自治会の会員の相互扶助など規約の目的にしたがった内容
誰に／誰と（to Whom／with Whom）	＝町内会・自治会の会員
なぜ（Why）	＝町内会・自治会の会員の相互扶助など規約の目的を達成するため
どのように（How）	＝ルーチンワークで
いくらで（How much）	＝町内会・自治会の毎年の予算で

このままでは、新しいまちづくりプロジェクトを立ち上げる余地はなく、また会員の賛同を得ることも、組織外のパートナーと協働することも十分にできないでしょう。また、同じ地域に暮らしながら、「町内会・自治会」に加入していない住民が多いことも見逃してはなりません。彼らにとっては、このままでは「町内会・自治会」の活動は無縁な存在であり続ける状況は、なんら変わらないのです。

そこで、「町内会・自治会」が関与するまちづくりプロジェクトの実現を許容する規約となるために、下記の3点に注力して、改めてみましょう。

1. **目的欄**：「会員の相互扶助、～」といった目的を「本会の区域に居住するすべての住民の相互扶助、～」などに改めましょう。

2. **会員欄**：「賛助会員」の項目を設け、「本会の趣旨に賛同する者」と定義しましょう。議決権は付与しなくともかまいません。

3. **新規追加**：「まちづくり活動」欄を設け、「本会の目的に資するまちづくり活動を行う場合は、本会の会計とは別に、特別会計を設け、実施する」などとして、まちづくりプロジェクトは組織の会計からは切り離して独立採算で行うことを明記しましょう。プロジェクトの立上げに際し、総会の議決を要するか、より身軽に役員会のみの議決でかまわないかについては、各組織で協議しましょう。

なお、「町内会・自治会」では集会所や山林などの資産の所有や管理を行っているケースが多いことと思われます。こういった場合では、親睦のための組織と、資産の所有や管理のための組織を切り分ける必要があります（たとえば、2016年の国土交通省告示第490号「マンションの管理の適正化に関する指針」においても、マンション管理組合において親睦活動を行うことを否定しています）。「町内会・自治会」は、現代の社会的ニーズに的確に応える公益性の高い役割を有しているため、その時代のニーズに合致したふるまいができるよう、規約の見直しについては積極的に進めてほしいと思います。

情報発信の見直し：すべての住民に届いて、手元に残すために

次に、「町内会・自治会」による情報発信の見直しについてです。

「町内会・自治会」の広報は、主に回覧板や掲示板によって行われています。回覧板は、すべての会員世帯に回るため、あたかもエリア内での到達率が100％であるかのように錯覚されますが、非会員世帯が一定数いることに加え、会員世帯内でも回覧板に目を通さない家族が多く、また手元に残らないメディアであるため、広報メディアとしての到達率は非常に低いものでした（第6章参照）。掲示板も同様に、手元に残らないメディアであることを指摘しました。

では、手元に残る効果的なメディアにはどのようなものがあるでしょうか。事例

を見てみましょう。

038PRESS（おみやプレス）

　東六地区連合町内会（仙台市）は、26町内会を束ねる連合組織です。2004～2005年度の2年にわたり、筆者がアドバイザーを務める形で、まちづくりの将来像を定める「個性ある地域づくり計画」の策定作業が行われました。この計画書に基づき、計画策定から間もない2006年4月には、地元の小学校の校庭に咲く樹齢400年近いエドヒガンザクラを鑑賞しながら、地元の音楽家たちの演奏を楽しむ「東六小の桜と音楽を愛でる会」が始まり、現在も毎年、続けられています。

　東六地区は当時より、小学校のPTAのOB/OGたちの連携が強い一方で、仙台駅から徒歩圏の学区であることもあり、学生やビジネスパーソンの単身世帯も多く、また地元商店街との連携も十分とはいえませんでした。そこで、2006年から住民が理想とする地域づくりを自らの手で進めていくことを目指し、連合町内会内に「地域コミュニティ活性化委員会」を置き、「地区住民がお互い顔の見える関係になれるにはどうしたらいいか」を考えるようになり、夏まつりや地域コンサートなど、活動の充実を図りま

した。2010年には、地域情報の発信の担い手をつくるべく、編集能力向上講座を月1回ペースで開催しました。町内会や商店街の連携組織として編集局を設け、翌年3月1日には、フリーペーパー『038PRESS』の創刊準備号の発行に至りました。「おみや」には、仙台東照宮の門前町として親しまれた呼び名「お宮町」への想いが込められています。

　このフリーペーパーは、オールカラー全8ページで、年4回発行しています。発行の財源としては、これまでのさまざまな行事で連携してきた地元企業が広告協賛していて、町内会の会員内外を問わず、毎号8,000部の無料配布を行っています。

　創刊準備号の発行からまもなく、東日本大震災が発生し、観光客ら1,800名の避難生活を3週間にわたって住民らが中心となって支援しました。くしくも『038PRESS』発行までに至るさまざまなパートナーとの連携が、避難者支援においても多いに役立ったのです。この逸話については、2012年の世界防災閣僚会議や2015年の国連防災世界会議などにおいても紹介されています。

図 10–2 038PRESS の紙面（提供：お宮町地域情報編集局）

『038PRESS』の特徴は、町内会の会員ではなくとも地域の情報にアクセスすることができること、無料であること、手元に残ること、編集や発行のトレーニングを積んだ地元住民やパートナーらによる編集作業を行っていること、協賛しているパートナーは広告の提供のみならず実働的なまちづくりプロジェクトにおいても活躍していること、などが挙げられます。また、ウェブサイトですべてのバックナンバーが閲覧できる仕組みとなっていて、見逃した情報にも再びアクセスできるよう工夫されています。機動力のある情報発信を行うため、町内会の外部組織として編集局を置いていることも特徴でしょう。

時代のニーズに見合った情報発信を「町内会・自治会」が行うために、少なくとも下記の2点を心掛けてほしいと思います。

1. **配信先**：町内会・自治会の会員に留まらず、エリア内のすべての住民に情報が届く工夫をしましょう。非会員にとっても町内会・自治会の活動は関心事ですし、町内会・自治会にとってはステークホルダーの1人です。まずは町内会・自治会側から組織活動の情報を積極的に開示し、顔の見える関係の入口をつくることが大事です。

2. **メディア**：手元に残る、繰り返し確認できるメディアを利用しましょう。チラシやフリーペーパー、SNS などによる配信が有効です。これらは、町内会・自治会がまちづくりプロジェクトを手掛けるようになった場合、プロジェクトの記録や公開の作業と兼ねることができます。

協働しやすい行政機構づくり

　地域の自治の主役は町内会・自治会でありながらも、実際には行政の下請け的側面を有している現状にあることについては、第9章でも触れました。その結果、町内会・自治会はオーバーワークの状態にありますが、行政側にとっては担い手としての市民や住民への期待感は大きく、市民協働の拡充は喫緊の課題です。本章では冒頭で、市民協働は多様な主体のコラボレーションであると定義しました。誤解があってはならないので、あえて繰り返しますが、あくまでも「主体」のコラボレーションです。すなわち、行政の事業に関する説明会を開いたり、行政が主催する委員会に市民委員を出席させたりするだけでは、市民は主体になりきれていないため、これらは市民協働の取組みであるとはいえません。

　では、行政が本質的な市民協働を実現するためには、どうすればよいでしょうか。ここでは、市民協働のための「3つの約束」を提示します。

> 約束1）チャンスの場を設けること
> 約束2）提案と実行をともに行うこと
> 約束3）最後まで付き合うこと

助成金コンペ：世田谷方式

　たとえば、市町村主催のまちづくり活動を支援する助成金コンペを設ける場合について考えてみましょう。市町村がまちづくりプロジェクトの実行組織の提案に対して、資金面のバックアップを行おうとすることへの意義は大きいものです。しかしながら、組織の実行能力、強固な活動基盤など、チームのありようそのものを評価軸とする場合が多く、新規のまちづくりプロジェクトが採択されにくい助成金コンペも多いのが現実です。結果的には、助成金コンペがまちづくりプロジェクトの新しい芽を摘むことにつながりかねないのです。

　そこで、まちづくりプロジェクトを対象とした助成金コンペを行う場合は、「世田谷方式」を参考にしてほしいと思います。

　世田谷区では、1987年に区民のまちづくり活動を支援するための基本構想が策

定され、1992年には助成金コンペである「まちづくり活動企画コンペ」が始まりました。財源は区からの出捐と、区民や企業からの寄付金で成り立っている公益信託です。このコンペでは、地域の生活環境づくりを目指す住民グループの自主的なまちづくり活動に対して助成を行う「活動助成部門」（1件につき最大50万円）、まちづくりグループの相互のネットワーク構築のための活動に対しての助成である「交流助成部門」（1件につき最大100万円）、地区レベルでのまちづくり活動の支援拠点となるまちづくりハウスの設置準備や運営への助成である「ハウス設置運営助成部門」（1件につき最大100万円）の3部門が設けられました。さらに4年目からは、自主的なまちづくり活動を踏み出そうとし、まだその模索中である活動を応援する「はじめの一歩部門」（一律5万円）での助成も始まりました。

　世田谷区での取組みの特徴は、「はじめの一歩部門」では手探りの活動も応援する姿勢であること、「活動助成部門」においても、2回目の助成を受ける団体よりも初めて申請する団体を評価する方式であることにあります。また、審査は学識経験者や区民、区などの協働による運営委員会で行っていることも特色であるといえます。

　この方式を真っ先に模した仙台市でも、1999年から「まちづくり活動企画コンペ」が実施され、「はじめの一歩部門」（1件最大10万円）、「もっともっと活動部門」（1件最大50万円）の助成の仕組みを通じて、チャレンジングな活動を含め、まちづくりプロジェクトは公的なバックアップを受けながら成長を遂げました。

　第1章の「事例1」で紹介した「アーバンネット」は、筆者が立ち上げたまちづくりプロジェクトですが、設立間もない1999年に「はじめの一歩部門」、翌年には「もっともっと活動部門」の助成を受け、2001年には活動を自立させる基盤となるNPO法人の設立に至っています。このNPO法人では、第3章の「事例2」や第4章の「事例3」で紹介した学生による新規のまちづくりプロジェクトを応援するための資金提供を行うなど、まちづくりプロジェクトを支援する側として成長しました。このほかにも、黎明期にあった多くのNPOが成長するきっかけとなった助成金コンペです。この仙台市の取組みは4年間で終了し、5区に分けての助成金コンペへと移行しましたが、残念なことに手探りの活動を応援する姿勢は損なわれてしまったのか、新しい取組みや区域を超えた社会的なアクションは評価されにくくなってしまっています。

　行政による協働は、助成金だけではありません。より深く行政が関与する方法として、「協働提案制度」があります。住民側が地域課題と解決手法とを一体的に提示し、行政側にとっても解決すべき喫緊の課題であると判断した場合は、資金や労力を提供しながら、住民とともに課題解決に取り組むものです。課題解決に向けた具体的な方法や目標値が住民側から示されることによって、行政側にとってみると着手しやすい取組みとなり、また取り組むべき優先度を判断しやすくなることが特徴といえます。

　住民にとっての困りごとをつぶさに把握する方法として、「地域担当職員制度」を導入している市町村も存在します。小学校区あるいはそれよりもより小さな区域において、地域の実情を把握し、住民らとコミュニケーションを密にする担当者を市町村が置くことにより、地域課題の解決に向けて住民と行政が手を携えながら取り組む関係が構築されます。一部の市町村では、地域担当職員がほかの業務と兼ねている場合もあり、結果的に職員の負荷が多く、地域の業務がおろそかになってしまうケースも散見されます。財源不足や人手不足の問題が行政側にあることは致し方ありませんが、実りある協働体制の構築は主体的に地域課題の解決に取り組める住民を育てることにつながるものであり、優先的に財源や人手をあてるべき取組みだといえます。

　以上のように、まちづくりプロジェクトに対する抜本的な応援体制を構築することを通じて、行政側が黎明期にあるまちづくりプロジェクトにも広くチャンスの場を設けることができ、市民協働により提案と実行をともに行う基盤がつくられ、行政と市民の共通のテーマである地域課題の解決に両者が手を携えながら最後まで付き合う関係につながっていきます。

4　対話の場の構築

　前節で説明したとおり、市民協働のための対話は説明会などで成立するものではありません。最近では、市町村の長期総合計画や都市計画マスタープラン、公共施設などの計画に際して、ワークショップ形式での対話の場が用いられることが多くなっており、完成物に対して"物申す"場である説明会に比べると、市民の意見が

通りやすい傾向にあります。一方で、これらのワークショップは「プラント型」（第2章参照）であることに変わりはなく、地域課題の解決に向けた「マネジメント型」の市民協働の枠組みの構築も急がれています。

そこで、行政側が仕掛けることができる対話の場づくりについて、筆者から実験的な新しい試みを提案したいと思います。

第7章では、まちづくりプロジェクトに対する「エスキースチェック」の有効性について説明しました。プロジェクトの主体がチェックを受けることに加え、行政側の関与の方針についてもエスキースチェックを受けることができる「市民協働エスキースチェック」を実施してみてはどうでしょうか。

公開の場で、まちづくりプロジェクトの提案に対するエスキースチェックを専門家が行い、行政側にはその地域課題に対しての現時点での施策や対応方針についても表明してもらいます。協働提案制度同様、相互が市民協働によって課題解決を行うための少額の財源やマンパワーは事前に用意しておくものの、どの提案を採択するかは行政側による審査で決まるのではなく、エスキースチェックを経て、両者がプロジェクトの改善を行い、最終的な提案に対して予算化を行っていく方法です。

ぜひ、新たな市民協働の形として、チャレンジしてほしいと思います。

⑤ プロポーザルによるまちづくり

少子高齢化、人口減少の波は、全国一様の傾向です。我が国では、高度経済成長期を中心に公共施設をはじめとする多くの社会基盤がつくられ、現在はこれらが同時期に老朽化していることが課題となっています。

国は2014年4月に、都道府県および市区町村に対し、公共施設などの総合的かつ計画的な管理を推進するための計画（公共施設等総合管理計画）をすみやかに策定することを求めました。これは、今後の施設の管理計画を定め、施設の長寿命化に取り組んだり、統合や廃止を行ったりするなどの方向性を定め、民間の活力を導入することについて計画していくものです。

私たちが生活する集落には、学校や公民館、公園、公営住宅、公立病院などがあり、それが存在していることが当たり前だと思い込んできました。しかしながら、私たちはまさにいま、学校の統廃合や病院の閉鎖、公民館からの社会教育主事の撤退、公園からの遊具の撤去などを目の当たりにし、当たり前だと思っていた社会基

盤は決して持続可能ではない社会システムのうえに成り立っていたことを思い知らされています。

　言い換えれば、これからの人口減少時代の社会基盤は、私たちのアイディアにより私たち自身が持続可能なものにしていくための取組みが不可欠です。すなわち、身近な社会基盤づくりはまちづくりプロジェクトの大きな種なのです。

身近な社会の基盤をつくるまちづくり

　社会基盤づくりに市民の力が注がれ、市民協働が実現するためのプロセスとして、筆者は「開かれたプロポーザルによる市民参加手法」（PPOP ＝ Public Participation with Open Proposal）の開発に取り組んできました。本書のまとめとして紹介しましょう。

　私たちの集落生活の中心には、小学校や公民館などの公共施設がありました。小学校は、1888年（明治21年）に制定された市制・町村制をきっかけに、市町村が設置する制度に移行しました。1つの村は、約300〜500戸を標準規模としていたそうで、小さな集落がそのまま自治制度としての村になり、その小さな村にも必ず小学校がある、というものでした。公民館は1949年（昭和24年）の社会教育法によって位置付けられた社会教育施設ですが、時期を同じくして、「合理的・民主的な生活慣習の確立」のための運動（新生活運動）を国が押し進め、贅沢すぎない生活慣習として、公民館での結婚式や葬儀が一般化されていきました。このように、国の制度に裏付けられながら、集落の中心には小学校や公民館などの公共施設がつくられたのです。しかし、いままさに、長きにわたって私たちの生活に根差していた地域の公共施設が、集落の人口減少により瀕死状態にあります。

　筆者が提案する PPOP は、このような公共施設を含めた社会基盤の再生や再編に際し、さまざまな社会制度の運用のプロフェッショナルである行政と、専門的な知見に溢れた建築設計者、集落生活の主役である住民や市民を交えた市民協働によって、集落の拠点整備に関する将来のありかたを「マネジメント型」のプロジェクトにより決定していく考え方です。ここでは、新たな施設づくりや老朽化した施設の再生について計画・設計するだけではなく、その後の維持管理にも住民や市民が参画する方法を同時に考えていきます。

　一般的な公共建築整備事業においては、行政主導で施設の計画がなされ、設計事業者も行政側で選定し、コスト重視で設計や工事が行われ、場合によっては途中の

過程で住民向けの説明会が行われることもありますが、一般的なプロセスをたどるとステークホルダー・マネジメント（第5章）に基づいていない場合も多く、住民の施設への期待が充足されることがないまま施設の竣工を迎えてしまうものです。

　一方で、3つの公共施設においてPPOPが実現した山形県遊佐町では、従来は社会教育法上の公民館であった施設を住民自治の拠点として「まちづくり基本条例」に基づくまちづくりセンターとして位置付けたうえで、老朽化に直面するなかでの将来の施設のありかたについて、住民参加型のワークショップが繰り返し行われました（**図 10-3**）。筆者がアドバイザーとして参加することにより、住民による期待を満たしうるかチェックを行い、住民の意見を反映しながら、行政が当初想定していた事業スキームの修正が繰り返し行われていきました。

図 10-3　山形県遊佐町の住民ワークショップの様子

　そこで整理された条件は、設計事業者を選定する公募型プロポーザル（提案書などの審査によって受託者を決める方式）の募集要項に盛り込まれ、これにしたがって複数の設計事業者から提案を募集しました。この手順で事業を進めることにより、住民の意に反した設計が行われることは決して起こりえないのがこの手法の特徴です。加えて、プロポーザルの審査に際しては住民からも審査員を輩出することにより、ワークショップで検討してきたプロジェクトの目的や目標が実現できているか、チェックが行われました。

審査により選定された設計事業者とは、基本設計時においてもワークショップを通じた対話を重ね、設計の修正を繰り返しました。ワークショップでは、住民らが将来、その施設を主体的に管理運営することを見越すことで、管理や運営上で見込まれる不便を設計時に排除することができました。

行政側は全工程を通じてコストマネジメントを行い、設計事業者とともに責任ある設計や工事の実現を目指す役割を担いました。全体工程は**表10-4**のような流れとなり、一般的な公共施設整備とは一線を画すものであるといえます。

表10-4 山形県遊佐町で導入された「開かれたプロポーザルによる市民参加手法」(PPOP)

	遊佐町の検討プロセス	一般的な公共建築整備事業
計画	・事業者選定のための計画策定	・行政主導の計画策定
設計	・住民による事業者選定 ・設計案の修正作業への参加	・行政が選定した事業者による設計
工事	・コストの妥当性を行政が評価	・コスト重視の工事
竣工〜 管理・運営・利用	・将来の管理方針の検討 ・活発な利用に向けた体質改善	・住民が参加する間もなく完成

またこの間も住民らは、将来の施設の活発な利用を実現するための方策について実証実験を繰り返すなど、取組みを行い続け、これらの期間を経て施設の竣工を迎えるのが特徴であるといえます。

公共施設の整備では、従来よりプロポーザル方式が導入されていることもありますが、これらは設計事業者の募集に際して、コスト重視ではなく、それぞれの設計事業者による設計提案や技術力を競わせることが特徴です。すなわち、従来型のプロポーザルでは、プロジェクトに備わるべき「独自性」は、PPOPのように住民の意向によるものではなく、設計事業者によるものになってしまうことが課題でした。

公共施設の整備から生まれるまちづくりプロジェクト

PPOPによって整備された公共施設では、もう1つの大きな効果が得られます。その過程で、さまざまなまちづくりプロジェクトが立ち上がるのです。

たとえば山形県遊佐町の稲川地区では、老朽化した稲川まちづくりセンターの建替えに際してPPOPを導入し、ワークショップを繰り返し実施してきました。そ

のなかでは、子どもたちの放課後の見守りの場が少ないことが課題として挙げられ、住民相互の共通課題として認識されました。その結果、新しいセンターの竣工を待たずに、地域の大人たちが子どもたちの居場所づくり活動を行うことを決め、活動が始まりました。これが新センター竣工後の「放課後子ども教室」（教育委員会による放課後の子どもたちの居場所づくり）につながっていきました（**図10-4**）。

図10-4　稲川まちづくりセンター（写真提供：梶浦暁建築設計事務所）

　仙台市の将監地区では、社会教育施設である市民センター、児童福祉施設であり学童保育を担う児童センターなどの公共施設の合築再編に際してPPOPを導入しました。従来は、市の外郭団体が各センターを管理運営していましたが、ワークショップにおいては「休館日も使用できるセンター」や「コーヒーが飲めるサロン」など、従来の運営手法では実現しえないアイディアが飛び出し、これを実現するための設計が行われました。さらに、新センターの竣工を待つ間、現行の市民センターを用いた実証実験を行い、住民らが施設を管理し、また楽しげなサロンを運営する方法について検討を繰り返しています（**図10-5**）。新しいセンターは、2021年の竣工を予定しています。

　私たちが対峙しなければならない課題である人口減少時代のまちづくりは、古びてしまった社会の仕組みに依存することなく、私たち自身が利用しやすい生活環境をつくることにあります。

図 10-5　将監地区における検討作業

　PPOP は社会基盤を整理統合し、私たち自身のための社会基盤にリニューアルするための１つの方法であり、さらにその過程で無数のまちづくりの種が芽生えるチャンスがあるという点において、これからのまちづくりの主流になっていくものと思われます。

第 10 章　参考文献

NHK：NHK 特集 仙台砂漠からの報告—問われるスパイクタイヤ—、VHS、1990

おわりに

　小中学校において 2002 年度から実施が始まった学習指導要領の改訂は、マスコミなどでは「ゆとり教育」と揶揄されました。「総合的な学習の時間」をはじめとして、各教科で「調べ学習」など思考力を養うカリキュラムであり、知識偏重から脱却する教育内容が批判を招いたものでした。しかしながら、まちづくり教育の現場にいると、この教育が始まった 1987 年生まれ以降の世代は、地域愛に満ち溢れ、いつも故郷が直面している課題に思い悩み、生計の安定さえ実現できるのであれば、都会よりも故郷で暮らしていくことを志向する若者が多いことに気付かされます。地域への着眼点は、それ以前の世代である筆者とは、まるっきり異なっており、いつも彼ら／彼女らには驚かされます。

　このように地域愛を育む教育的な素地ができあがっているなかで、筆者を含め、古株の世代が彼ら／彼女らが気付いた地域課題の解決に、手を差し伸べずにいる理由はまったくもって存在しません。

　市民協働による社会の実現を果たすことと、地域のなかに多くのまちづくりプロジェクトが生まれることは、タマゴとニワトリの関係にあります。私たちは、直面している社会の成熟期を乗り越えるべく、1 つでも多くのまちづくりプロジェクトの実行を通じて、地域課題の解決に寄与し、果ては市民協働社会の実現に貢献することこそが、これからの時代における美徳であるといえるでしょう。

2020 年 4 月

小地沢将之

さくいん

著者紹介

小地沢　将之（こちざわ・まさゆき）
1975年、仙台市生まれ。学生時代にはNPO法人コミュニティを起業し、現在に至るまで、住民が主体となるまちづくり活動のノウハウの提供や公共施設の再編事業、東日本大震災や熊本地震での復興支援活動など、実践的なまちづくり活動を行っている。東北公益文科大学地域共創センター長、仙台高専准教授などを経て、2019年より宮城大学事業構想学群准教授。博士（工学）。

編集担当　大野裕司（森北出版）
編集責任　富井　晃（森北出版）
組　　版　コーヤマ
印　　刷　丸井工文社
製　　本　同

まちづくりプロジェクトの教科書　　　　　　　　　© 小地沢将之 2020

2020年 5 月 28 日　第 1 版第 1 刷発行　　【本書の無断転載を禁ず】
2023年 3 月 15 日　第 1 版第 2 刷発行

著　　者　小地沢将之
発 行 者　森北博巳
発 行 所　森北出版株式会社
　　　　　東京都千代田区富士見 1-4-11（〒 102-0071）
　　　　　電話 03-3265-8341／FAX 03-3264-8709
　　　　　https://www.morikita.co.jp/
　　　　　日本書籍出版協会・自然科学書協会　会員
　　　　　JCOPY　＜（一社）出版者著作権管理機構 委託出版物＞

落丁・乱丁本はお取替えいたします.

Printed in Japan／ISBN978-4-627-55361-3